JN027904

日本男子バレー　勇者たちの軌跡
田中夕子
Yuko Tanaka
文藝春秋
MIYAURA
4

PARIS 2024
JPN
FUJII
3

VOLLEYBALL QUALIFIER
TOKYO

FIVB
14

RYO

14
YAMAMOTO
20
NISHIDA
1
ONODERA
2
MIYAURA
4
OTSUKA
5
6
8
10
11
12
29
30
8
1
6
14

日本男子バレー　勇者たちの軌跡

目次

プロローグ
彼らが今、ここに集った理由

日本の男子バレーは弱かった。

いや、「弱い」と言われ続けてきた。

過去をさかのぼれば、頂点には1972年ミュンヘン五輪での金メダルが燦然と輝く。五輪でメダルを逃せば「弱くなった」と揶揄され、五輪出場を逃せば「弱い」と断言される。男子バレーは常に過去の栄光と比較されてきた。

だが決して、歩みを止めていたわけではない。積み重ねた痕跡は残る。


忘れられない光景がある。

2016年5月から行われたリオデジャネイロ五輪の出場権を懸けた世界最終予選。東京体育館での日本ラウンドには、日本を含む8カ国が出場した。そのうちアジア最上位とそれを除いた上位3カ国、計4カ国が五輪の切符を手にする。日本は、前年に開催されたワールドカップで柳田将洋や石川祐希といった攻撃力に長けたニューヒーローが誕生し、ベテランと融合し始めた頃だった。どんな強豪相手にも果敢にサーブで攻め、たとえ崩された状況からでもスパイクを打ち切る。世界に真っ向勝負できる可能性を秘めた日本代表は、観る者の期待を大いに掻き立てていた。

たった2枠しかなかった4年前のロンドン五輪の最終予選とは異なり、今回は4カ国にチャンスがある。ならば、日本も五輪出場を決めるだろう。むしろ、論点が「本大会でメダルを取れるか」に飛躍するほど、ほとんどの人が切符獲得を信じて疑わなかった。

ところが……。ベネズエラとの初戦こそ勝利したものの、中国に敗れ、強豪のポーランドに完敗。続くイランにも負けた。若きエースとして期待を集めた石川の状態は万全ではなく、大会中のアクシデントで負傷も抱えていた。想像し得る最悪の事態を招いた日本は、オーストラリア、カナダにも連敗を喫し、ロンドン大会に続いて五輪の出場権を逃した。

試合後、期待に応えられなかった日本代表にメディアからは厳しい視線が向けられた。あるベテラン選手には、こんな質問が飛んだ。

「リオは逃しましたが、4年後には東京五輪が控えています。若い選手に対して、どんな期待、思いがありますか？　何かメッセージを送るとしたら？」

多くの記者が見つめるミックスゾーンは沈黙が支配した。

「……今はまだちょっと、考えられないです」

質問者が去った後、残る数人の記者に向けて彼はこう言った。

「僕はこのリオ五輪に人生を懸けてきました。最後の最後まで、可能性がある限り諦めないで戦いたかった。でも、叶わなかった。これからがある選手たちにはもちろん頑張ってほしいけど、でも、今は何で勝てなかったんだろう、どうして負けたんだろう、って。その悔しさしかないです」

どれほど必死に努力しても届かない。「弱い」と言われ続け、どれだけの選手たちがこの悔しさを噛みしめてきたのだろう。ロンドン五輪で女子バレー日本代表が銅メダルを獲得した裏で、涙を流してきた時間がある。

それでも、全員が信じていた。いつか、日本の男子バレーが「強い」と言われる日が来ると。

あれから7年。まさに今、その「いつか」がやってきた。

『日本の男子バレーが強いらしいね』

2023年、そんな声を幾度となく耳にしたし、実際に問われることが増えた。

その後には、決まってこう続く。

『何で急に強くなったの？』

「弱い」と言われ続けた日本代表が、ようやく「強い」と認知されるようになったのは、近年の結果が大きい。

2008年の北京五輪以来、3大会ぶりの出場となった2021年東京五輪では、準々決勝でブラジルに敗れたものの、29年ぶりとなるベスト8進出を果たした。翌年には、スロベニアとポーランドで開催された世界選手権のトーナメント初戦で、東京五輪金メダルのフランスとフルセットまでもつれる接戦を演じた。これまでならば一方的に押し切られていた相手に、互角の攻防を繰り広げ、最初にマッチポイントを握るシーンもあった。

2023年は、その評価をさらに確固たるものにする1年となった。6月から7月にかけて行われたネーションズリーグでは、世界主要大会で46年ぶりとなる銅メダルを獲得。3位決定戦では前年世界選手権覇者のイタリアを撃破する快進撃だった。さらに続く8月のアジア選手権でも、アウェイの洗礼を浴びる中でアジアのライバルイランに勝利し、3大会ぶりの金メダルを獲得した。

世界も驚く進化を続けた日本代表の戦績に比例するように、男子バレーへの関心は高まっていく。その中で迎えたのが、パリ五輪の出場権をかけた最終予選だった。

期待に応えるように、日本代表は4大会ぶりに五輪出場権を自力で獲得してみせた。さらに、その喜びを倍増させたのは、見事な試合内容にある。

アメリカとの最終戦を前に切符を獲得するためには、第6戦のスロベニア戦での「ストレート勝ち」が絶対条件だった。序盤は硬さが目立ち、相手にリードを許す展開となったが、それでも選手たちに動じる素振りはなく、以降は常に日本が主導権を握った。大観衆が見守る中、あっという間にマッチポイントまで進み、いよいよ歓喜の瞬間が近づいた。24対18、最後の1点は誰が決めるか——。

日本の前衛にはオポジットの西田有志、アウトサイドヒッターの髙橋藍、ミドルブロッカーの山内晶大が並んだ。主将の石川は後衛に控え、コート中央からのバックアタックに備えている。普通に考えれば、最後のトスは「エースの石川」と考える場面だが、もしサーブで石川を狙われて攻撃態勢に入れない状況になれば、レフトの高橋かライトの西田へトスを託せる最高のローテーションでもあった。

満員の観客が勝利の瞬間を待ちわびたように、記者席で胸躍らせながら司令塔の脳内に思いを馳せる。

だが、セッター関田誠大が出したのは意外なサインだった。選手間で「ヘッド」と呼ばれる、山内へのAクイックのサインだ。

相手のサーブを放たれる前に出すサインは、「次はこの攻撃にする」と確定したものではない。あくまで「この攻撃に入ってほしい」という準備を要請するものである。山内はその瞬間、「そう来たか」と関田の意図を瞬時に理解した。

「あのローテーションでは、僕からするとやりづらい攻撃なんです。そもそも普通に考えれば相手は藍か西田、祐希のバックアタックを警戒する。だから僕に上げるとは思わない。でも、(関田なら)やっぱりそう来るよな、と。相手がマークしないってことは、こっちにとっても楽じゃない選択になる。そういうところが、関田らしいといえばらしいですよね」

誰もが裏をかかれた選択。しかも五輪出場が懸かる場面である。関田にその真意を問うと、「それぐらい余裕があった」と微笑を浮かべる。

「本当にどこへ上げたか、上げようとしたかは、その時に判断するので（正解は）わからないです。でも、あの場面で山内を選択したら面白いと思ったし、（山内も）『マジか』ってなるじゃないですか。遊び心を言葉にする、というか。『最後はエース』という発想にとらわれちゃダメだと思います」

しかし、何とも残念ながら、この1本は未遂で終わる。スロベニアのサーブがエンドラインを割り、日本の25点目はサーブミスによって決まったからだ。

どんな形でも1点は1点。堂々の予選突破を誇らしく、嬉しく感じている。だが、やっぱり最後の1点をどこで決めるか見たかった。そう、欲が出るのは今の日本代表がただ「強い」だけでなく、「面白い」からに他ならない。

プレッシャーが懸かる場面で決め切ることができる選手は一人じゃない。だから、「最後にトスが上がるのは誰だ」と固唾を呑む。司令塔が最高の選択をする。そして、勝つ。正直に言えば、日本代表がこんなバレーボールを見せる日が来るなど、思いもしなかった。

どうしてこれほど、日本の男子バレーは強くなったのか。答えは簡単なようで難解だ。

なぜなら、その解答はいくつも存在するからだ。

欠かせないのは、母国で開催される２０２４年のパリ五輪で、「日本代表監督」として戦うことを決めた知将フィリップ・ブランの存在。日本の常識を打ち破り、「できない」と及び腰になっていた世界との真っ向勝負も「できる」と自信を抱かせた。

そして、何より、指揮官の掲げるプランを体現する役者が揃ったことだ。

単身海外へ渡り、今や世界のトップ選手と肩を並べた先駆者。10代で彗星のごとく現れて急成長を遂げた新星。バレーボールよりも、ガス会社の作業員として忙殺されていた守護神。高校からバレーボールを始めた2メートルの壁。小さいと言われ続けながらも己の技と知恵で雑音を封じてきた司令塔。そして、誰より明るく、太陽のようなエネルギーを最期の瞬間まで与えてくれた人。数多くの中から選ばれし12名がパリのコートに立つ。

東京五輪を機に日本代表を退いた清水邦広は、躍進を続ける後輩たちをこんなふうに表現した。

「選手それぞれにストーリーがあって、まるでマンガみたいですよね。こんなに面白い日本代表は、そうそうないですよ」

彼らが今、ここに集った理由——一人ひとりの物語がある。

第1章

石川祐希

天才少年が絶対エースになるまで

いしかわ・ゆうき／アウトサイドヒッター。1995年12月11日生まれ、愛知県出身。星城高で2年連続高校三冠を達成。中央大在学時からイタリアでプレー。2021年東京五輪で主将を務めた。パワーバレー・ミラノ。192cm/88kg

パリ五輪予選1日目　2023年9月30日　vsフィンランド

これほどまで劇的に「期待」と「不安」が入れ替わる試合は、相当な記憶をたどらなければ見当たらない。

東京五輪から続く〝男子バレー好調の波〟のピークは、オリンピックの切符が懸かったパリ五輪予選で迎えるはずだった。

国際主要大会では46年ぶりのメダル獲得となったネーションズリーグでは、結果もさることながら、強豪国と渡り合えたことが誇らしかった。欧州勢の世界ランキングなど当てにならないとは理解していたものの、日本の8位を下回る28位のフィンランド相手にフルセットまで追い込まれるとは、誰が予想できただろうか。しかも、それが7連戦の初戦であったことが不安をより増長させた。「負ければ終わり」とは言いすぎだが、たとえ1セットの喪失であっても、後に続く戦いに重くのしかかる。

第1セット、日本は完璧なスタートを切る。序盤から石川祐希、山内晶大、小野寺太志のサービスエースでブレイクを重ね、中盤には髙橋藍のブロックと石川の連続サービスエースも飛び出した。五輪予選のプレッシャーもなんのその、日本は25対17、25対15とあっさりと2セットを連取。このチームの強さは紛れもなく本物だ――「試合終了後の取材をこなしたとしても、今日は22時には体育館を出られそうだ」と、記者席でのんきなことを考えていた。まさか試合終了の合図を、ここから1時間以上後に聞くことになるとは……。

第3セット中盤、予期せぬハプニングから不穏な空気が漂い始める。14対16とフィンランドに先行された場面で、中継用カメラのワイヤーが切れ、カメラが宙ぶらりんになった。カメラの撤去に時間を要した時も「勘弁してよ、せっかく早く帰れるのに」と毒づく余裕がまだあった。しかし、「あれ？」と首を傾げたのはこのセットの終盤だった。

勝負時は必ず決まっていたはずの石川のバックアタックがアウトになり、フィンランドにセットポイントが入る。髙橋藍のスパイクとサーブで再逆転したものの、日本はなかなか最後の1点を取り切れない。そして、石川が前衛から放ったスパイクが再びサイドラインを割り、25対27。フィンランドにセットを奪われた瞬間、思わず「うそでしょ」と、つぶやいた。

セットを失ったこと以上に、大きな不安を抱いた理由がある。

明らかに、石川の調子がおかしい。第4セットでも、これまで何度もチームを救ってきたはずの石川のスパイクが決まらない。以前なら、フィンランドに拾われるシーンが続いても、「相手の対策が上回っただけ」と思えたが、ネットにかかる回数やラインを割る本数、相手ブロックに仕留められる失点数が石川の異変を物語っていた。

極めつけが、15点先取の最終セットだ。

フィンランドのミスも重なり、終始、日本がリードして8対5。一般的に考えれば第5セットの3点差はセーフティーリードだ。さらに宮浦健人のバックアタックと髙橋藍のサービスエースで10対6とさらに点差を広げ、少し安堵の空気が流れていた。だが、宮浦と石川のスパイクが立て続けにフィンランドのブロックにつかまり、たちまち10対9と1点差に。続くフィンランドのサーブをレシーブしようとした石川が弾き、まさかのサーブポイントを献上。10対10、ついに同点に追いつかれた。

嫌な空気をなんとか打開しようとセッター関田誠大は、次のサイドアウトも石川に託す。しかし、スパイクミスとなって10対11。劣勢に痺れを切らしたフィリップ・ブラン監督は、石川に代えて、大塚達宣を投入した。

いったい、何が起きているのか——。タオルを肩にかけてベンチに佇むエースの姿に、会場はどよめき、体育館は異様な空気に包まれていた。

結果的に、山内のブロック、西田と髙橋藍のバックアタックによる連続得点で日本が15対12でなんとか逃げ切ったのだが、予期せぬ苦戦に選手たちも動揺を隠せなかった。

ミックスゾーンでは選手たちが「あぶねー」と胸を撫で下ろしながら通り抜ける。その中で、最も長く記者に囲まれていたのが石川だった。矢継ぎ早に投げられる質問に一つひとつ答え、間もなく制限時間が終わろうかというタイミングで偶然、石川が一人になった。

あのサーブレシーブ、と5セット目の交代シーンについて尋ねた。石川は「いや、あれ」と表情を崩しながら、衝撃の言葉を残した。

「自分に失望しているんです」

大会の初日に聞くにしては、あまりにショッキングなワードだった。

なぜ石川は自分に「失望」したのか。

常に日本代表を牽引し、完璧な存在であり続けた石川は「初めての経験」に戸惑っていた。

History of YUKI ISHIKAWA

バレーボールには多くのカテゴリーや大会がある。世代を問わず、多くの選手を取材する機会に恵まれてきた。その中で、ここ数年、取材現場で最も名前が上がったのは「石川祐希」だったかもしれない。

日本代表の国際試合の前後や世界最高峰と謳われるイタリア・セリエAを戦う最中など、石川本人への取材機会は多々ある。それ以上に、同じく日本代表で戦う選手や過去の旧友たちにも石川に関するコメントを求めることが多かった。さらに、高校生や大学生の取材現場でも「石川選手」の話題が出ることは珍しくない。むしろ「石川選手はどんな練習をしているんですか?」「石川選手はどんな意識を持っているんですか？」と逆質問されることもしばしば。それほど、石川は現在の男子バレーボール界の中心にいる。

石川を初めて取材したのは、2013年のことだった。バレーボール部員の大半が坊主頭か、それに近い短髪だった時代。だから、短髪でもきっとオシャレな部類に入るであろうヘアスタイルと、カラフルな練習着を身に纏う星城高校の選手たちの姿は新鮮に映った。その中に2年生エースの石川がいた。

まだ身体の線は細かったが、スパイクを打たせれば会場を黙らせるような、鋭く、豪快な1本を放つ。JOC杯全国都道府県対抗中学バレーボール大会で準優勝した愛知選抜のエースという前評判に違わず、別格の存在感だった。

春高バレーはその2年前に3月から1月に開催時期を変更し、名実共に「高校生にとって集大成の大会」になっていた。以降、「三冠」を達成したチームはまだ男女共に現れていなかったため、インターハイと国体を制した2013年の星城には、新時代の到来を予感させる期待が漂っていた。そんな周囲の煽りも、2年生エースにとっては何のその。星城はあっさりとその壁を乗り越え、「三冠」という快挙を成し遂げた。

東京体育館が改修工事中だったため、決勝戦は所沢市民体育館で行われていた。優勝記者会見では、竹内裕幸監督を先頭に、主将、副将と3年生が前列に並び、2年生は中段に立った。背番号7の石川はほぼ中央にいたが、コートで見せた堂々たる姿とはまるで違って、どこか所在なげに下を向いている。会見の最後に行われたフォトセッションでも先輩の陰に隠れようとしていたほどだ。

全体の記者会見が終わると、記者はさらに細かい話を聞くためにいわゆるカコミ取材へと移行するのだが、当然ながら、最も多くの記者に囲まれたのは石川だった。

あのスパイクはどんな気持ちで打ったか、どこを狙ったか、と次々向けられる質問に対し、小さい声でポツリ、ポツリと答える。時折ちらっと質問者を横目に見る。自分が注目される状況に明らかに戸惑っていた。

3年生になった石川は星城のキャプテンに就任した。セッターの中根聡太やリベロの川口太一と、のちにVリーグで活躍する選手が多く揃っていた世代だが、中学3年の愛知選抜でもキャプテンを務めていたことから、石川自身も「自分がなるだろうな、と思っていた」と、当たり前のようにその役職を受け入れた。

期待がさらに膨れ上がる中、星城は優勝候補の大本命として臨んだインターハイと国体を制した。

2年連続での「三冠」が懸かった春高まで3カ月と迫った頃、初めて星城に足を踏み入れる機会があった。名鉄・前後（ぜんご）駅から徒歩20分。坂道を登り切った先に校舎と体育館が並ぶ。強豪校の中には3、4面のコートを備える学校もあるが、星城の体育館はお世辞にも「さすが私立」と言えるものではない。だが、そこで日々行われる練習の質はとても高い。

パイプ椅子に座って練習を見つめる竹内監督は、ここぞというシーンで立ち上がり、指示を送る。でも、決して集合をかけるわけではなく、ごく自然に「ここはこうしよう」「今のはこうだった」とアドバイスする程度。その声に選手それぞれが耳を傾け、話し終えればまた練習が再開する。

「私は何もしない監督ですよ。選手全員が監督みたいなものですから」

練習メニューのベースは竹内監督が提示するが、選手が必要だと感じたことや、やりたいことは積極的に加えていく。たいていの学校では、レシーブ練習のボールを打つのは監督だが、星城の場合は選手同士でボールを打ち、拾い合うスタイルだった。一つの練習が終わると選手同士が集まって輪をつくり、床を机がわりにしてノートにメモを取る。その中心で最も多く言葉を発していたのが石川だった。

驚かされたのは、その後のインタビューの時間だった。ペコッと頭を下げながら近寄り、現在の課題や春高に向けた決意を語る。こちらが質問を投げかけるたびに、横目ではなく、しっかりとこちらの目を見て受け応えする。当たり前といえば当たり前なのだが、戸惑いながら答えていた1年前のミックスゾーンを思い出すと、キャプテンとしての自覚が備わってきているように感じた。

迎えた2014年1月。石川にとって最後の春高が開幕した。

第1シードの星城は2日目の2回戦から登場。ギャラリーのほとんどが星城を観に来ているのではないかと思うほどの熱気に包まれ、1セット目を先取された準々決勝の開智戦では「あの星城がセットを獲られた」とざわつく場面もあった。以降、危なげないバレーを展開した星城は、春高連覇と2年連続高校三冠を達成。前人未踏の「高校六冠」は、未だに破られていない大記録である。

歴史を動かした試合後、これからの進路について取材をしていると、ある選手がこんなことを言った。

「祐希、（すぐに）日本代表に入ったら面白いと思いませんか？　今、代表もそんなに強いわけじゃないから、祐希もチャンスがあると思うし、結構いけると思うんですよね」

冗談半分に聞いていた。だが、夢物語はすぐに現実の話に転じた。

春高から3カ月が経った２０１４年4月、中央大学に入学したばかりの石川の名が日本代表登録選手29名の中にあった。日本代表監督に就任した南部正司（現・男子強化委員長）が、将来の代表の中心となり得る選手を積極的に招集しており、石川もその中の一人として抜擢された。

実力を証明する場はすぐにやってくる。9月、石川にとって日本代表デビュー戦となったのは韓国・仁川（インチョン）で行われたアジア競技大会。当初はリザーブメンバーだったが、上位進出に向けて敗北は許されないという準々決勝で、大きな出番が巡ってきた。

インドを相手に2セット先取を許してあとがなくなった日本は、第4セットのスタートから石川を投入。見事なまでに流れを変える活躍を見せて、フルセットでの逆転勝利に貢献した。勝負強さを評価された石川は、翌日の韓国との準決勝、アジア最大のライバルであったイランとの決勝でスターティングメンバーに抜擢された。

イランに敗れたものの、堂々の銀メダル獲得。それに貢献したのがチーム最年少の18歳となれば、注目が集まるのも無理はない。多くの記者に囲まれた石川には、早くも6年後の東京五輪に向けた質問も飛び交っていた。

輪の一番外にいた記者からこんな声が飛ぶ。

「もう少し、大きな声で話していただけますか？」

高校六冠を達成した春高よりも、遥かに記者の数は多い。比べものにならない関心の高さは容易に感じ取れた。石川は、声の主を探して「はい」と小さく返事をして、声のボリュームを少しだけ上げた。数年経ってから当時の話を向けると、「覚えていない」と笑いながらも、本音を口にする。

「なんか一気に人が増えて……わけわからなかったのは確かです」

今や不動の地位を築く石川にも、こんな時代があった。

仲間が知るエースの素顔

バレーボールを始めたのは、小学4年生の頃。1歳上の姉の影響だったこともあり、プレーは好きでも試合を観ることはほとんどなかった。Vリーグどころか日本代表の試合がテレビ中継されていても目にすることもなく、春高バレーの存在を知ったのも「小学校高学年か、中学生になってから……」と定かではない。

中学時代から石川を視察していた星城の恩師・竹内監督は、当時は「それほどほしい選手ではなかった」と本音を覗かせる。中学時代の身長は175センチ。「小さくてうまい選手は他にもいる」と積極的ではなかったものの、セッターとしての将来を見据えて獲得に動いた。

星城はもともと、目先の勝利よりも将来像を見越して選手を育成してきた実績がある。過去にもアタッカーとして十分能力のある選手のポジションを変更したことがあり、実際に石川も高校では日々セッターの練習を積んでいた。竹内にエースとして起用することを決意させたのが1年時のインターハイ準決勝で見せた輝きだった。

「チームを勝たせるために、とにかくトスを呼んで打ちまくったんです。結果的に負けたのですが、翌日になって『先生、お腹が痛いです』と言うので病院へ行かせたら、腹筋が肉ばなれしていた。この子はスイッチが入ると、自分の身体の限界すら超えるぐらいやるんだ、と。正直、びっくりしました」

身体の限界をも超えて、打ちまくる。しかも相手が強くなればなるほど、おのずとスイッチが入る。強い相手にどれだけ自分の力が通用するか。何ができるのかを知ること自体が楽しい。だからがむしゃらに、ひたすらトスを呼び、自ら打つ。

そんな姿に、竹内はセッターとしての未来を描く一方で、日本を背負うアタッカーとしての将来を予見し、同時に使命感に駆られていた。

仲間たちや恩師から語られる石川は、今でこそ「バレーボールのためならどんなことでも徹底してやり抜く」というストイックな一面にフォーカスされがちだが、日常生活の中では素朴なエピソードも多い。同じ2014年に日本代表へ抜擢された山内晶大は「忘れられない」と驚きのエピソードを明かす。

「子・丑・寅……って干支の話になったときに『〝子〟って何かわかる？』って聞いたことがあったんですよ、そしたら祐希が『ネコ？』って。もともとは、そういうやつですから（笑）」

人前で話すことが苦手で、周囲を和ませる天然なキャラクター。どこのクラスにもいそうな少年がたまたま秀でた能力を持ち、タイミングにも恵まれたことで一気にスターダムにのし上がった。小さな声でしゃべるのも、記者に囲まれて戸惑ってしまうのも仕方がないことだった。

合宿で同世代の選手同士で集まれば、お菓子を食べながら他愛ない話もするし、ゲームをして遊ぶこともある。コートではあんなに勝負強いのに、遊びのゲームになればとことん弱い。

石川を変えたのは、「日本代表」として積み重ねた時間だった。アジア競技大会の翌年に広島・大阪・東京で行われた2015年ワールドカップ。石川と同じくアジア競技大会で日本代表デビューを飾った柳田将洋と共に、日本代表の二枚看板として、一躍チームの中心へと躍り出た。当時のチームには北京五輪に出場した清水邦広というオポジットが君臨していたが、エースポジションとされることが多いアウトサイドヒッターで起用される二人の存在感は圧倒的だった。

その凄さを最も近くで体感してきたのが、セッターの深津英臣だ。石川と同じ星城高の出身。石川が高校3年生の時には教育実習で教壇に立ち、バレーボール部の指導にも携わった間柄だ。高校生の石川を「線が細くておとなしい選手」と振り返る深津は、日の丸をつけて戦う石川の豹変ぶりに驚愕した。

「連戦が続いて、最後は決まって強豪国と当たるんです。アルゼンチン、ポーランド、ロシア……どこも強い相手ばっかりで、僕らも必死だったけど、どこかで〝やられても仕方ない〟という思いもあった。でも石川は違うんですよ。最終日のロシア戦、5セット目の序盤に石川がものすごいスパイクをインナーに打ったんです。決まった瞬間、振り返って、目があった時、あいつの目がギラギラしていた。こいつ、ロシアを相手にこんな顔するのかよ、って本当にびっくりした。普通は5セット目に入れば疲れてジャンプ力も落ちてくるのに、あの高いブロックの上から、気にせずあの角度で打って決めている。こいつすごいな、やばいな、って。スイッチが入ると、全然違う。人間が変わるんですよ」

石川を成長させたのは、日本代表としての時間に加え、新たな環境での経験だ。世界最高峰と謳われるイタリアでの生活が、そのスピードをさらに加速させた。

大学1年の時から中大の全日本インカレ制覇に貢献した石川は、その年の12月にイタリア・モデナへ短期留学する。ブラジル代表のブルーノ・レゼンデ、フランス代表のイアルヴァン・ヌガペトといった名実共に世界のスーパースター軍団とプレーする中で、新たな世界を知った。

初めて日本代表を経験した時のように、当初は戸惑いも多かった。しかし、世界最高セッターと呼ばれたブルーノのトスやリーダーシップ、ヌガペトの変幻自在な技を目の当たりにした経験は、19歳の石川に大きな刺激を与えた。

「(イタリアのカップ戦)コッパ・イタリアの決勝で優勝して、ガペ(ヌガペトの愛称)がMVPに選ばれた。その姿を見て、カッコいいな、と思ったし、自分もいつかああなりたい、って初めて思いました」

2016年には、前年のワールドカップでの石川を評価したラティーナが契約の意志を示した。全日本インカレで3連覇を達成した後、再びイタリア行きを決断。〝短期留学〟から〝契約〟と変わり、現役大学生がイタリアリーグで選手契約してプレーすることは、日本バレー史上初めてのことだった。

経験を積むにとどまったモデナ時代とは異なり、ラティーナでは試合に出場する機会もあった。初めてイタリア現地で石川に取材をしたのも、ちょうどこの頃だ。

石川がセリエA初出場を果たした試合には、日本からの多くの取材陣が訪れた。ホームゲームの会場には日本語で「ようこそ」の文字がビジョンに流れる歓迎ぶり。注目度の高い環境を楽観的に捉えることもできたが、石川は違った。試合の翌々日、ラティーナの中心地にあるカフェでの取材を兼ねたランチの席で、置かれる環境に満足していない率直な思いを明かした。

「日本からメディアが来てくれているから（リリーフサーバーとして）出すか、という感じで、戦力として考えられているか、と言えば全然そうではないですよね。まだ自分の実力がその程度だということだし、シーズン途中から合流して、コンディションも万全じゃない。お客さん扱いになるのも仕方ないのかな、って思いましたけど、嬉しいというより、むしろちょっと、恥ずかしかったです」

経験を積むだけではなく、イタリアの地で「勝負」がしたい。言葉の端々に、強い決意がみなぎる。

「今までも海外でプレーしている日本人はたくさんいるけれど、活躍するために一つ大きな壁になっているのが語学力だと思うんです。やっぱり言葉がわからないと、何を求められているのかが理解できないし、自分がどうしたいかを伝えることもできない。言葉の大切さはめちゃくちゃ感じています」

モデナに来たばかりの頃は、単語もほとんどわからず、身振り手振りを交えながら意思表示をするのがやっと。ただ、選手として出場機会を求め、成長を求めるならお客さん扱いのままではいけない。イタリア語の本をただながめるだけでなく、意識的に現地のテレビ番組をつけて耳を慣らすことから始め、わからない単語はメモして後で意味を調べる。語学の勉強も、バレーボールの技術習得と同様に地道なことからのスタートだった。

黒板に書かれたその日のオススメメニューを「この単語はわかる」と言いながら注文。パスタを頬張った後は、イタリアに来てから砂糖を入れれば飲めるようになったというコーヒーを飲みながら、これからの課題に思いを馳せる。素直な言葉が並ぶ中、最も語気を強めたのは、自身のことではなく、ある意外な人物のことだった。

「(自分のために)イタリアに取材へ来て下さるのはすごく嬉しいし、ありがたいなって思います。でも、僕はまだ何もやっていない選手なので。むしろ日本の人たちはもっと古賀太一郎さんを知るべきだと思う。メディアの方々にも、古賀さんをもっと取り上げてほしいんです」

豊田合成から出向移籍という形で2015年にフィンランドへ渡ったリベロは、活躍を評価され、翌年はフランス・パリへ。その後、イタリアと並ぶ世界トップリーグの一つであるポーランドリーグのザビエルチェでレギュラーとして活躍した。結果や力が評価されるプロの世界で、古賀は自身の力だけで堂々とステップアップを遂げていた。だからこそ、石川は「結果を残している古賀」を取り上げるべきだと繰り返した。

学生時代の実績や人気、話題性ばかりで取り上げるのではなく、競技の本質を見てほしい。いたってシンプルなメッセージだったが、異国の地で戦う21歳のまっすぐな言葉が胸に痛烈に刺さった。

先駆者ゆえの葛藤

前人未到のキャリアを歩む石川だが、その道で唯一、ネックになっていたのがケガとの戦いだった。

日本代表、大学、イタリアと三つの拠点での戦いは、当然ながら身体に負荷がかかっていた。長いシーズンを乗り切るための体力、筋力をつけるためにはトレーニングが不可欠だったが、一つのカテゴリーが終わればまた別のカテゴリーで試合があるため、ウエイトトレーニングに充てる時間を十分に取れない。連戦や移動が続けばオーバーワークも余儀なくされる。膝や腰などさまざまな部位を負傷してきた。

2015年のワールドカップ以降、2016年のリオデジャネイロ五輪予選、翌年のワールドグランドチャンピオンズカップでは、試合中の負傷で欠場を余儀なくされた。石川自身も「(シーズンの)スタートから最後までちゃんと戦いきれたシーズンがなかった」と振り返る。

裏を返せば、多くの場所で必要とされているということの証でもあるのだが、次第に「せめて日本代表とイタリアに専念できないか」という風評も目立つようになった。

それでも、その選択を「石川自身も望んだこと」と振り返るのは、中大の監督を務め、後に東山高で髙橋藍も指導する松永理生だ。

「初めてモデナに行って、彼が受けた刺激はとてつもなく大きかった。欲が芽生えて、もっとこうなりたい、もっとうまくなりたい、と思うようになったんです。むしろ周りが『休んだほうがいい』とか『(三つに挑戦するのではなく) 絞ったほうがいい』と言っても、やりたい、と貫いた。その結果ケガも増えて、苦しかったと思います。でも今、身体に対しての意識がここまで高くなったのは、当時の経験も大きく影響したはずです」

実際、石川本人も今となっては「身体のことを考えたら三つフルでやったのは間違っていたかもしれない」と明かしたことがある。ただ、やると決めたらやる。その意志の固さと芯の強さを「嫌というほど味わって来た」と、松永は笑いながら振り返る。

中大入学当初からバレーボールに対する探究心が強く、1年生として練習準備に教官室へ入ってくると、監督の机に置いてある今日のメニューをちらりと見て「今日この練習するんですか?」と声をかけてくる。「自主練の時間、長めにとれますか?」といった要求もしばしば。積極的に意見する姿勢は嬉しい反面、監督としては「これが必要」と考えてメニューを組んでいる。自分が取り組みたいテーマを重点的にやりたいと自主練習を求めてくる石川の姿勢に頭を悩ませることもあった。

「しかも1年生で、ですよ(笑)。ただ、そういうやり取りを日常から繰り返していると、どんなメニューを組めば満足するのか、もっと石川に必要な練習をさせたい、と僕も必死で考えるようになった。彼の意志の強さは、自分だけじゃなく、周りも成長させてくれるんです」

一つ階段を昇れば、今度はもっと高い場所から見る景色が見たいと思うのは当たり前。大学4年になる頃には、すでに「(卒業後は) 海外でプレーする、と決めていた」。幸い、引き続きラティーナでプレーすることが決まっていたこともあり、石川は前年のように全日本インカレを終えてからではなく、セリエAの開幕に合わせて渡欧したいと松永に求めた。

「最初から行かせてもらえないなら、大学も辞めます」

一度決めたら譲らないのは承知のうえ。だから、松永も石川の意志を尊重した。ただ、中大を率いる監督の立場としては、仲間と共に最後の大会には出場してほしいと思うのも当然のことだった。松永は一つ、条件を出した。

「最後の全カレ (全日本インカレ) だけは出てほしい。1週間前に帰ってきてくれたら、チームをつくるから。その時間だけくれないか」

イタリアで試合出場の機会が増え始めたとはいえ、大学生にとって最も大きな大会が全日本インカレであることは理解していた。意図した選択ではなかったが、松永の懇願に応じた石川は一時帰国を決め、仲間たちと全日本インカレに出場した。

大一番は、準決勝の筑波大戦だった。

トーナメント表を見た時から「負けるとすれば筑波」と話していた石川の予感は的中する。2セットを先取した後、第3セットもリードしたが、勝利への執念を体現するかのごとく、サーブで攻め、ディフェンスから攻撃につなげる筑波大に屈し、フルセットの末に逆転負け。敗れた後は表情を変えずにいたが、翌日の3位決定戦で東海大に勝利したあと、コートインタビューの最中に涙を流した。石川は「理生さん（の涙）にもらい泣きした」と言うが、松永に言わせれば「石川に泣かされた」。

「意志が固いだけじゃなく、意外と情にもろい。『最初から（イタリアに）行かせてくれないなら辞めます』とまで言ったやつが、最後に泣くなんて反則ですよ。石川との4年は僕にとっても幸せな時間でした」

世界一への足音

日本代表、大学、イタリアとハードな日々で己を磨いてきた石川が、真の意味で、〝プロ選手〟へとして進化していくのはここからだ。

大学を卒業し、イタリアのシエナと新たにプロ選手として契約を結んだ石川が、より意識高く取り組んだのがコンディショニングだった。

ケガが多かったことを考慮し、トレーニング、食事、睡眠、休養を見直し、専属トレーナーや管理栄養士のサポートを受けながら自炊生活を徹底。高校時代から長い時間をかけて行って来たというストレッチだけでなく、超音波治療器を用いたセルフケアも行い、まずはケガをしない身体づくりに努めた。

「世界ナンバーワンのアウトサイドヒッターになりたい」と言葉にするようになったのも、この頃からだ。

日本代表で紛れもないエースとして存在感を示し始めた頃、実は自分に向け続ける矢印がマイナスに働くこともあった。顕著だったのが、プロとして最初のシーズンに出場した、イタリアとブルガリアで行われた２０１８年世界選手権だ。

五輪に次ぐ大会である世界選手権は、出場国も多く歴史も古い。しかも自国開催となればイタリア国内での注目度は高まり、石川からしても、さらなるキャリアアップにつながる可能性を秘めている大会だ。日本代表選手としてもイタリアリーグでプレーするプロ選手としても「結果を残したい」と思うのは当然だった。

屋外競技場のフォロイタリコで行われたナイトゲームでの開幕戦。屋外のナイターというそれまで経験のない環境、しかも完全アウェイの中、日本は開催国のイタリアと対戦した。ほぼすべての選手が「普通にプレーするのが難しかった」という環境下でも、石川の一つひとつのプレーからは、溢れんばかりに気合いが伝わってきた。

だが、チームとしてはまだ発展途上。今ほど明確な方向性も定まっておらず、新進気鋭の西田有志も大会直前に負傷。歯車が最後まで噛み合わなかった日本はイタリアにストレート負けを喫した。その後もスロベニア、ベルギーに敗れ、２次ラウンド進出を逃した。

ただ、最終戦となったアルゼンチンとの一戦は、ベストゲームと言うべき試合だった。柳田、福澤達哉といった選手たちの活躍によりフルセットで勝利をつかむ。しかし石川は、といえば、世界選手権で初めてスタメンから外れ、各セット中盤から終盤での2枚替えの投入に留まった。

そもそも石川が2枚替えでオポジットに入る布陣を敷くこと自体、チームとしての形が定まっていなかったことの表れではあるのだが、石川が見せたのは、思うようなプレーができない苛立ちだった。ここは自分に、と願う場面でトスが来ない憤りを露わにする場面が何度もあった。

プロ選手として結果を出すためにコンディション管理に細心の注意を払ってきた。納得のいくパフォーマンスが発揮できなければ不満が募ることもある。そんな石川の姿を見て進言したのは、石川の対角に入っていた福澤だった。

「世界ナンバーワンのアウトサイドヒッターを目指すなら、自分のプレーだけでなく、もっと広い視野を求めろ。お前はそういう選手であるべきだ」

長い間、日本代表の主軸を担った福澤だからこそ、石川が持つ力と存在感の大きさは誰よりも理解していた。

「代表チームを引っ張る、象徴となる存在は〝プレー〟だけじゃないんです。たとえばブルーノや（ポーランド代表元主将のミハウ・）クビアク、彼らはただ点を獲るだけじゃなく、ここ、というところでチームを鼓舞する力がある。自分のことだけに矢印を向けるのではなく、チームを勝たせるためにどう働くか。石川はそっちに目を向けて行動しないといけない選手だろう、と。負けたけれど自分の調子がよかったからOK、勝ったけれど自分が満足いかないからダメ、じゃなく、もっと広く目を向けたほうがいい、という話はしました。彼は、それぐらいのスケールを持った選手なので、もったいないと思ったんです」

響いたか、響かなかったか。翌2019年の石川を見れば、聞かずとも、その変化は明らかだった。

東京五輪を翌年に控えたネーションズリーグやワールドカップでは、ただエースとして点を獲るだけでなく、周囲に対しても目と気を配る姿勢が目立った。

ワールドカップで、スパイクが続けてブロックされる場面が目立った西田に対しても「気にするな、思い切りプレーしろ」とアドバイスし、他の選手に対しても「西田は（任せても）大丈夫だから、他でカバーしよう」とフォローする。チームとしての勝ちパターンを構築するために個々がどうすればいいのか。そのために自分が働きかけるべきことは何か。ごく自然に、コート内でのリーダーシップを発揮していた。

2021年には日本代表の主将となり、1年の延期を経て迎えた東京五輪では29年ぶりの決勝トーナメント進出の立役者になった。勝ったほうが準々決勝進出となる予選リーグ最終戦、宿敵イランとの第5セットでは自らのサーブで先制点をつかみ取り、その1点が勝利を引き寄せるためにいかに大きな1点であったかを証明すべく叫んだ。

自身のパフォーマンスばかりでなく、チームとしての強さを証明することで、目指すべき選手像を現実にする。紛れもなくリーダーとして日本代表をけん引する、強く、逞しいキャプテン・石川祐希が男子バレー日本代表の中心にいた。

２０２３年、ホームで開催されるパリ五輪の予選は、主将・石川にとってまさに満を持して迎えた舞台だった。

少年からエース、そしてリーダーへ。でき得ることをすべてやって、臨んだ場所だった。

それなのに――一番大事な初戦で、自分でも驚くほどの低調なパフォーマンスに終始してしまった。思い描いたイメージとは異なる現実の連続で、チームを勝たせるはずが、むしろ苦しめた。コンディション不良があったにせよ、今できることがあると覚悟を持ってコートに立った。だからこそ、石川は自分に「失望」した。

ただ、きっと石川は「失望」のままでは終わらない。むしろ、その言葉すら物語の序章になるはずだ。

「日本が誇るべきエース」「強く逞しきキャプテン」。観る者たちを唸らせたのは、石川が「失望」と口にしてからわずか8日後のことだった。

第2章 髙橋藍

〝怒り〟がボクを強くする

たかはし・らん/アウトサイドヒッター。2001年9月2日生まれ、京都府出身。東山高から日体大へ進学し、2021年代表史上最年少で東京五輪に出場。同年12月からイタリアでもプレーする。2023年6月ヴェロ・バレー・モンツァへ移籍。188cm/82kg

パリ五輪予選2日目　２０２３年10月1日　vs エジプト

コート内には苛立ちが蔓延していた。

なぜこれほど単調な相手のスパイクをブロックで止められないのか。なぜレシーブで拾えないのか。些細なズレが修正できず、コートにいる全員がイライラしていた。

この日も、最初の２セットは完璧だったはずだ。サーブが走り、ブロックでタッチを取って切り返す。面白いように得点を重ねていた日本は、第１セットを25対14、第２セットを25対10と大差で先取した。単にリードしただけでなく、常にエジプトを圧倒し、試合を優位に進めていた。

が、ここから崩れる。

エジプトのメンバー交代が奏功。それまで日本がサーブでターゲットにしていた選手が下がり、サーブレシーブが崩れなくなったことが一因だった。加えて、第３セットに投入された選手たちには単調に見えるハイセット（高いトスからの攻撃）を打ち切る能力が備わっていた。日本はなんとかして止めてやろうとムキになってブロックで応戦したが、エジプトはその手や腕に狙いすましたようにボールを当て、後方で守る選手の手が届かない、遥か遠くまで飛ばしていく。

「何なんだよ」

コートからも観客席からも、そんな声が聞こえるのではないかと錯覚するほど、日本の歯車は狂っていた。

ようやく日本に流れを引き戻すチャンスが訪れたのは、第3セット終盤だった。一時は4点差をつけられながらも、レシーブでつなぎ、ジリジリと点差を詰めた日本は、前衛に高さをもたらすべく、セッターの関田誠大に代えて宮浦健人を投入。前衛には宮浦、小野寺太志、髙橋藍の3人が並んでいた。

そこから西田有志がサーブでターゲットを狙い、エジプトの攻撃を切り返す。石川祐希のトスを受けた髙橋が決め切り21対23。エジプトはたまらずタイムアウトを要求するが、直後のサーブでも西田がサービスエースを決めて22対23。ついに1点差に迫った。再び西田のサーブによってエジプトの守備を乱すと、チャンスボールが宮浦のもとに返って来た。

日本のコートにセッターはいない。関田の代わりにトスを上げる石川とサーブを放った西田は「宮浦がそのままダイレクトで打つかもしれない」と一瞬、間を置いた。だが同じ予測をしたエジプトの選手二人が宮浦の前でブロックに跳ぼうと、ややサイドに寄った。それを見た宮浦は、確実に1点を獲るべく、石川にパス。時間にすればわずか数秒の間に、それぞれの思考が絡み合い、最終的にどこへ上げるかは石川に託された。

石川がセットアップするネットに近い位置からは、ミドルの攻撃はない。選択肢から小野寺が消え、宮浦も十分な助走が取れない位置にいると判断した石川に残されたのは、手堅くレフトの髙橋藍か、好調の西田が控える後衛か、その二択だった。

俺に上げろ――。

髙橋は全身全霊を懸けて、石川からのトスを待っていた。スパイクに入る準備は整った。何より決める自信があった。これを決めれば絶対に勝てる、自分が決めれば第3セットから追い上げられ、フルセットにもつれた前日の悪夢を払拭できる。そう信じて疑わなかった。

会場にいる大半の人が「髙橋に上がる」と思った次の瞬間、石川がセレクトしたのは西田のコート中央からのバックアタックだった。この場面で西田に上げれば相手の意表をつくことは間違いない。奇をてらった選択にも見えるが、第2セット終盤には同じ攻撃を決めていた。しかし、タイミングが微妙にずれたことで、西田のバックアタックはネットに引っかかった。22対24、セットポイントをにぎられた日本は結局、このセットを失った。

まるで勝利を決めたかのように歓喜するエジプトに対し、日本のベンチでは指揮官が怒りを露わにしていた。そしてもう一人、１００パーセントの自信を持ってトスを待っていた髙橋も。

「あの場面は自分に上げろよ、って。めちゃくちゃ怒っていました」

フルセットまでもつれ、日本はまさかの逆転負けを喫した。振り返れば、勝敗を分

けた1本でもあった。

屈辱の敗戦直後、髙橋は険しい表情のままミックスゾーンに現れた。投げかけられる質問に「切り替えるしかない」とまくし立てるように答えていた。

その姿を見て、ふと、かつてのシーンがよぎる。

「ここは俺に上げろよ！」

10代の頃から、何度も見せてきた、エースの矜持。

怒りが、何度も髙橋藍を強くしてきた。

History of RAN TAKAHASHI

京都府京都市左京区。南禅寺に程近い東山高校では、約ひと月後に始まる春高バレー本番を控えて実戦形式の練習が行われていた。

メニューを消化した選手たちは体育館を後にして、一日の最後を締めくくるウエイトトレーニングに向かう。それぞれが課せられたメニューをこなすと、少し手狭なトレーニングルームのあちらこちらで輪をつくり、寝転がりながら談笑し始めた。そんな中でも、最後の最後まで黙々とトレーニングに取り組み、汗を流していたのが当時18歳の髙橋だった。

練習を終えると「お待たせしてすみません」と汗を拭いながら、取材に応じる。問いかけに頷きながら、考え込むこともなくスムーズにスラスラと言葉を発する。プレーだけでなく、ずいぶん賢い高校生がいるものだ、と感心させられたことをよく覚えている。

当時の話をすると、「あの時、実はめちゃくちゃ疲れていたんですよ」と笑みを浮かべるが、その高校時代のトレーニングが現在のキャリアにつながっている。

「ウエイトトレーニングやボール練習のメニューは（当時コーチで現監督の松永）理生さんが出してくれて、中央大の頃に（石川）祐希さんもやっていたものだと聞いていたから、同じことができているんだ、と考えると楽しくて。トレーニングを始めたばっかりだから、ひょろひょろでしたけどね」

少年が夢見た東京五輪

バレーボールは2歳上の兄・塁の影響で始めた。「野球とサッカーのほうが好きだった」と当時を回想するが、とにかくバレーボールが大好きだった兄は練習相手にいつも弟を指名した。小学2年で兄と同じクラブに入った髙橋は、6年生になった時のある出来事からバレーボールに一気にのめり込んでいく。

2013年9月、7年後の東京で五輪開催が決まったことだ。

「卒業文集に『バレーボール選手になってオリンピックに出る』と書いたんです。正直、最初は自分からやりたくて始めたわけじゃなかったですけど、バレーボールをやる以上、トップのゴールは『オリンピックでメダルを獲ることだよ』と、言われて。昔から目標は常に一番高いところに置いておきたかった。年齢を考えたら、東京オリンピックの年はまだ18歳、19歳だったんですけど、目標にするならこれだと迷わず思ったことはよく覚えています」

　小学生の頃はまだ身長も低く、中学入学時で１５５センチぐらい。最初はセッターを務めていたが、すぐリベロに転向した。

「中学生になるとボールの重さが変わるので、（セッターをやっていると）腕がパンパンになるから嫌だったんですよ（笑）。それにチームのエースが塁だったので、『もっとこういうトスを上げろ』とか、塁も僕がセッターだと言いづらそうだった。それならリベロかな、と。僕が拾って、塁が打つ。リベロは居心地がよかったです」

　現在の姿を知った上で昔話を聞けば、リベロとして培ったレシーブ技術が大きな武器になったことがわかる。だが、身長が伸びない現実に焦っていた当時の藍少年は、そんな未来を描くことすらできなかった。中学3年になって10センチ以上伸びた時は心底ホッとし、バレーボールをようやく楽しめるようになった。

　卒業後は兄と同じ道を歩み、東山高へ。そこでもひたすら、レシーブ力を磨いた。

「練習はめちゃくちゃ地味。一つひとつのパスが細かくて、二人組での対人レシーブも10分×10セットが当たり前だったので、練習時間も長い。毎日クタクタでした」

全国を勝つよりも、京都を勝つほうが難しい。現在も続く図式は当時から変わらず、日本一を目指す最大のライバルは同じ京都の洛南高だった。1学年上には、後に日本代表で共にプレーする大塚達宣がいた。

昔から負けず嫌いだった髙橋は燃えた。強い相手と戦える、それを倒すのが最高に面白い。まるで主人公のように欲望を隠すことなく燃える髙橋に、兄に代わる新しい〝相棒〟ができた。東山高の同級生で、セッターの中島健斗だ。

上背こそないが、巧みな技術とトスワークが武器で、昇陽中学時代に全国制覇を経験している実力者。実は、兄の存在だけでなく、「中島が入学するらしい」という噂も髙橋が東山を選択した大きな理由だった。

打ちやすい打点に正確なトスを供給してくれるのはもちろん、「ここで打ちたい」「ここは自分が決めたい」というタイミングを逃さない。〝打ちたがり〟を自認する髙橋は、徐々に打数を増やして調子を上げるよりも、できるだけ最初から多く自分にトスが欲しいタイプ。そんな髙橋のエース気質を中島は熟知していた。

二人の関係がより強固なものとなったのが、兄・塁の世代が大熱戦の末に京都府代表決定戦で洛南に敗れてから。春になり、2年生となった髙橋と中島は、エースと司令塔としてチームの中心にいた。

地道な練習で鍛え上げられたレシーブ力と二人のコンビネーション。高さでは劣るかもしれないが、攻撃の多彩さとスピードでは負けない。東山はその前年に春高準優勝を遂げた洛南をも上回るのではないかと言われるほど、下馬評が高かった。磨きあげた攻撃を武器に、いざ春高へ――。そんな頃にアクシデントが起きる。京都府代表決定戦の直前、レシーブ練習でボールを追いかけた中島が肩を負傷した。

絶対的なエースがいても、司令塔がいなければ勝利をつかみ取るのは至難の業。しかも洛南は、大塚のほか前年の春高決勝を経験した3年生が主軸として残っており、総合力が高い。髙橋は「どんなボールも自分に持って来い」と代役のセッターに要求する覚悟を見せたが、洛南はさらに上の策を講じてきた。

2年連続で春高出場は叶わず、あっという間に高校最後の1年を迎えた。

肩を負傷した中島がコートに戻るまで、想像以上に時間がかかった。何が何でも春高に出て、全国制覇を成し遂げたい。そのために早く中島とのコンビを確立させたい。焦る髙橋に対し、中島の感覚はなかなか戻らず、Aチームのメンバーから外れるなど、復帰後も本来のパフォーマンスを取り戻せないでいた。

髙橋は中島にもどかしさを感じていた。なにくそ、と這い上がる気配がないように見えた。むしろ「試合に出してもらえないなら、それでもいい」と投げやりな態度にも見て取れた。

決定的だったのは、レギュラーとリザーブに分かれたA・B戦でのこと。レギュラーであるAチームがいまひとつ機能しない一方で、Bチームは中島のトスによってアタッカー陣が機能し、伸び伸びとしたバレーボールを展開していた。

髙橋はAチームがBチームに負けたことよりも、中島がこの現状に満足しているように感じて、その姿勢にカチンと来た。

「健斗。お前、何笑っとんねん。いつまでもBチームでトス上げてヘラヘラしとるんちゃうやろ」

隣でバスケットボール部が練習するコートで、感情の赴くままに怒りを爆発させた。

髙橋は3年生からキャプテンに任命されていた。「周りに対して怒るのもキャプテンの役目」と言われ続けてきたが、当初は怒るどころか強く言及することも苦手で、できればやりたくなかった。しかし、監督やコーチから叱責されるよりも、同じ仲間から言われたほうがより心に響くのではないかと気づいてからは、あえて嫌われ役も買って出た。

自分はチームのエースであり、キャプテンでもある。ただ点を取るだけでなく、勝つために、本当に強いチームになるために必要なことからは逃げずに「違う」「ダメだ」と示すことが必要だ。中島にぶつけた感情は、チームにとって、まさに必要な〝怒り〟だった。髙橋はその時のことを述懐する。

「僕は健斗のトスで日本一を取りたかったんです。だから、チームの副キャプテンで、チームを勝たせるために絶対必要なセッターであるにもかかわらず、やるべきことをやらないのが許せなかった。健斗はBチームで楽しく上げるだけでいいかもしれないけど、それ以上を求められるAチームのセッターをする選手からしたら、やりづらいし、自分のせいで勝てないと思う。いや、そこは健斗やろ、と僕は思ったので、日本一を目指すなら、それだけの覚悟を見せろ、と。『そんな態度なら、お前なんかいらん』と言いながら、でもやるならやれや、って、Ａチームに引っ張り戻した。今思えばだいぶ生意気な高校生ですけど、それぐらい、何が何でも勝ちたかったです」

「怒るのは苦手」と言いつつも、高橋の激しさは、何度も中島を突き動かした。中島には、この一件の他にも高橋に怒られた記憶がある。

Ｂチームから Ａチームへと引きずり戻され、セッターとエースとして精度を高め、攻撃のバリエーションを増やすことに注力していた頃。公式戦とは異なる練習試合は自分たちの戦い方を定める場所であり、勝敗以上に自分たちがやりたいバレーボールとは何かを模索する時間に充てたいと中島は考えていた。

対戦相手によって考える要素は変わるが、中島が常に意識していたのは「大事な場面はエースの藍に決めさせる」ということ。だからこそ、来るべき場面に備えて、少しでも打ちやすく、決めやすいように布石を打ち続けた。序盤はミドルを使い、セッター後方のライトからの攻撃も多用し、相手のマークが手薄になったところでレフトの高橋に上げる。

だが、その善かれと思って打った手が、高橋の逆鱗に触れた。

20点を超えた終盤、１点を求めたい勝負所だったが、トスを上げる前に対戦相手が高橋への警戒を強めた姿が中島には見えた。たとえブロックが２枚、３枚来ようと「藍ならば決めてくれる」とわかっていたが、中島はあえて別の選手にトスを上げた。エースの高橋に上げるばかりでなく、こういう場面で散らすことも必要だと考えたからだ。

中島の思惑通り、相手の意表をつき、ほぼノーマークに近い状態で決まり、東山に得点が入った。見る角度を変えれば、評価に値するプレーだ。ただ、その直後、「健斗！」と自身を呼ぶ髙橋の声が響いた。

「何であそこ、俺にトスを持って来うへんねん」「ここは、俺に上げろや！」

髙橋にあったのは「勝負所は自分が決める」というプライド。余分な遠慮などいらない。中島が苦笑いと共に記憶をひもとく。

「たとえばシャットされた時も、僕はまず『ごめん、俺のトスが悪かった』と思うから、次はもっといい状況で確実に決めさせようと思うんです。だから次のラリーでもまた藍にブロックが来ていたら、そこには上げず、別のところを選択する。でもそれが『違う』と。エースは、シャットされた時点で、どんな状況であろうと『クソ、次は決めてやる』と思う。だからもう1本俺に持ってきてくれ、と藍に言われて。決めやすいようにとか、余計なことを考えず、託すべきところは託す。そうすれば藍は決めてくれる。エースの心理を藍に教えてもらいました」

中島とのコンビを確立した髙橋は、ライバル洛南に打ち勝ち、ついに高校最後のシーズンで春高へたどり着いた。悲願の大舞台で、髙橋はエースたるゆえんを存分に見せつける。

東山は初戦の前橋商戦から試合を重ねるごとに調子を上げていった。ただ、準決勝からは高校生にとってほぼ経験したことがない〝5セットマッチ〟。独特の高揚感や興奮も相まって、知らぬ間にフィジカルにダメージを受けるため、準々決勝、準決勝と進む頃には疲労もピークに達し、ほとんどの選手が疲弊していく。しかし、髙橋だけは別次元にいた。

圧巻は、駿台学園との決勝戦。197センチの伊藤吏玖と188センチの金田晃太朗という大会屈指のツインタワーを意に介さず、髙橋はその高いブロックの上からスパイクを打ちつけた。しかも、試合の序盤ではなく、2セットを連取した後の第3セットでのプレー。驚異的とも言える会心の1本に、敵将も「あの上から打たれたら打つ手がない」と舌を巻いた。

この大会、東山は「失セット0」という快挙と共に、初の全国制覇を成し遂げた。時に仲間と衝突しながらも叶えた夢。有言実行を体現してきた髙橋にふさわしい高校ラストゲームだった。

ただ、ここから急ピッチで駆け上がることは、まだ誰も知る由もない。当時の髙橋に声をかけるなら何と言おうか。「君、もうすぐ日本代表に入るよ」「来年の東京五輪に出るよ」と言っても、信じてもらえないだろう。しかも、その後すぐに世界最高峰のイタリアへ渡るなんて、誰が想像できるのか。

わずか4年で世界は激変した。

運を引き寄せる向上心

髙橋の成長曲線には、ある一人の人物の存在が大きく関わっている。春高制覇を達成した頃から東山高のコーチとして定期的に指導に赴いていたのが、中央大時代の石川を指導した松永だ。その後、自らが見た「祐希」と「藍」を何度も語ってきたように、高校生の髙橋に対しても、学生時代の石川の姿や取り組み方を余すことなく伝えてきた人物である。ハッキリと口にすることはなくとも、髙橋からは石川と同じように「自分もいつかは海外へ渡りたい」という意志が見て取れた。

松永を通して見聞きする〝世界〟がすべてだった髙橋にとって、真の意味での〝世界〟が広がり出したのは、春高優勝からわずか3カ月後の2020年4月、東京五輪のメンバーになり得る日本代表登録選手27名に名を連ねてからだ。

しかし、まだ不安の方が大きかった。

「日本代表に選ばれたのは嬉しい反面、もう代表かという戸惑いもありました。まだ18歳の自分が、あのレベルで、代表に入ってやらないといけないのか。やっていけるのか、という不安がありました」

そう考えるのも無理はない。髙橋は石川とは違い、U18やU20のアンダーカテゴリー日本代表とは無縁の存在だった。春高で全国制覇を達成したとはいえ、世界と対峙した経験はほとんどない。

日本代表首脳陣としては守備力、特にサーブレシーブに長けた髙橋を日本代表合宿に呼ぶことで、石川や柳田将洋、福澤達哉といったアウトサイドヒッター陣に刺激を与えようという狙いもあったのかもしれない。今回の経験を活かし、2024年パリ五輪に向けた新チームで大成してほしい――そんな長期的な意図が含まれていたが、少しずつ髙橋の方へと運が傾き始める。

日本体育大学に進学し、守備力に加えて攻撃力にも磨きをかけ始めた矢先、新型コロナウイルスの世界的大流行によって、東京五輪の1年延期が発表された。目標が先延ばしになった時間を、髙橋は体づくりのトレーニングに充てることができた。それが奏功し、コートの上で急成長した姿を見せつける。

最初の〝証明〟が、日体大に入学してから初めて出場した12月の全日本インカレだった。しかも準決勝では、背中を追いかけ続けてきた兄がいる日大と対戦。兄弟対決に勝利し、準優勝に貢献した。「目の前のことを一つひとつ超えようとやってきただけ」と振り返るが、気づけば話題を髙橋が独占していた。

大学での活躍が評価され、2021年の日本代表登録選手に引き続き選出。5月には、東京五輪の会場となる有明アリーナで五輪のテストイベントとして開催された中国戦にも出場した。試合序盤こそ、相手のサーブに崩され、ブロックに簡単にぶつけてシャットアウトを食らうなど、未経験の若さや粗さも目立った。だが、1セットを終える頃には高さで勝るブロックに対しても新たな引き出しを開け、堂々とやってのけた。

自信をつけた髙橋は、〝圧倒的な守備力〟という看板を背負い、日本代表の欠かせぬ戦力へと躍り出た。初の国際大会となった東京五輪で29年ぶりの決勝トーナメント進出に貢献。男子では史上最年少19歳での選出だったが、特別なプレッシャーがかかる舞台にも臆することなく自分を表現した。コートで躍動する姿からは、1年前に口にしていた「不安」は微塵も感じさせなかった。

東京五輪から4カ月後の12月には、石川に続いて現役大学生ながらセリエA・パドヴァと契約を結び、単身イタリアへ渡った。日本代表でも「引っ張ってもらうばかりでなく、自分も引っ張る存在になりたい」とアピール。翌年もパドヴァと契約を結び、10月のシーズン開幕から5月の最終戦まで1シーズンを異国の地で戦いきった。

バレーボールに限らず、世界のトップに近い場所で戦うアスリートの多くが同じ言葉を口にする。

「運と縁に恵まれました」

あまりに飛躍的な成長を遂げていく髙橋にも、まさに当てはまる。

だが、ふと考える。なぜこれほどまでに運と縁を引き寄せることができたのか。振り返れば、髙橋は常に貪欲だった。

東山高のトレーニングルームでも、日体大の一員として躍動した試合でも、日本代表のユニフォームをまとうようになっても。立場や環境が変わっても、いつも髙橋の心の中には「もっとこうなりたい」「もっとこうしたい」という向上心があった。

単身イタリアへ渡ってからも同じ。パドヴァで過ごした2年目のシーズンには、開幕から堂々とスタメンを勝ち取り、攻守両面で欠かせぬ存在へと成長した。しかし、好調なプレーを見せていたにもかかわらず、リーグ中盤から後半にかけベンチスタートの機会が増えた。髙橋は「選手起用は監督が決めること」と言いながらも、少し不服そうな顔でぼやいていた。

「イタリアにいると、やっぱりまだ、単純に身長だけで評価されるところもあるんです。たとえば相手チームのオポジットが220センチとか、そういう選手とマッチアップすることになると、僕より高さがある選手に代えられる（髙橋は188センチ）。でも、じゃあ試合の中で俺のブロックがそんなに機能しないか、と言えば、触るところは触っているし、後ろと連携できれば自分では全然通用すると思っているんです。むしろタッチして、ボールがつながったのにレシーバーが拾いに行かずに諦めたりしているのを見ると、おい、って（笑）。高さが、って言う前にもっと徹底することあるやろ、って思うし、腹立つこともありますよ。でもそういうのも全部含めて、いかに黙らせるか、って世界ですから」

会えば笑顔で「大変っすよ」と言いながらも、今、取り組んでいることや見据える目標をよどみなく語ってくれる。コミュニケーション能力は高く、発する言葉も常にポジティブだ。大学生ながら難題も涼しい顔で乗り越え、簡単にステップアップしているようにすら見える。だが、それは錯覚に過ぎない。貪欲に突き進み、何度ももがきながら壁を乗り越えてきた時間でもある。

「今までは、監督やコーチに言われることに対して何でも『はい、はい』と言うだけ、言われた通り実行するだけでした。でも海外に行って、自分がどうプレーしたいのか。そもそもお前のプレースタイルは何か。イメージで描くだけでなく、それを言語化して、体現しないと通用しないというのを思い知ったんです。トス一つとってもそう。いろいろな人の意見を聞いて、全部取り込んでいいものを探していこう、と思ってやってきたんですけど、イタリアに来て言われたのは『もっと自分が欲しいトスをコールしろ』と。何でもオッケー、オッケーではなく、このトスをここでくれ、と主張して、ぶつかり合って強くなる世界だから当然ですよね」

器用で、技術もある。だが、これから戦おうとしているのは、それだけで乗り切れる世界ではない。自分はどんな人間で、何を欲するのか。伝え、実践するのも自分自身。それ以上の証明はない、と気づかされてきた。

「言われたことをやるだけ、やろうと思ってもやらずに終えたら絶対後悔すると思ったんです。だったら、多少ワガママでも自分を通したい。納得いくまで、やってやろう、と思いました」

やらずに後悔するよりも、やって後悔するほうがいい。日めくりカレンダーの一節になりそうな言葉を胸に深く刻みこんだシーンがある。

２０２２年の夏、スロベニアとポーランドで開催された世界選手権の決勝トーナメント初戦、フルセットまでもつれたフランス戦だ。

互いが2セットずつを取り合って迎えた最終セット。セッターの関田は、前衛レフトの高橋に立て続けにトスを上げた。２本続けて決めて2対0。フランスも1点を返したが、直後にハイセットを高橋が決め3対1。さらにサーブで崩したラリーを西田が決め4対1。15点先取の最終セットで、いきなり3点もリードし、勝利を大きく手繰り寄せたかに思われた。

ただ、相手は世界の強豪。ましてやフランスは前年の東京五輪で金メダルを獲得した相手だ。確率論をぶち壊すかのように、中盤と終盤に連続得点を重ね、あっという間に逆転された。日本も負けじと踏ん張り、14対14のデュースに持ちこむと、相手のミスも手伝いマッチポイントを握った。しかし、あと1点が取り切れなかった。

崖っぷちに追い込まれたはずの王者は息を吹き返し、日本は僅差の攻防の末に16対18で敗れた。最後の1点はフランスの大エース、イアルヴァン・ヌガペトが日本の2枚ブロックに屈することなく、叩きつけた痛快な一撃だった。その前に、決してキレイではなかった返球がたまたまセッターのもとに返るという、日本にとっては少し不運な幕切れ。ただ、実はこの瞬間、ブロックに跳ぶか、レシーブに入るか。高橋には迷いが生じていた。

「フランスのセッターにボールが返った時、前衛にガペ（ヌガペト）がいた。絶対に打ってくる。しかも、間違いなくインナーに打ってくる、とわかったんです。だけど、そこで自分もブロックに行っていいのか、それとも空いたスペースに落とされるんじゃないか、と迷ってしまった。結果的には、想像通り、絶対にここへ打つというところに打たれて決まった。負けた瞬間に思ったのは、負けた、悔しい、じゃなくて『あー、（ブロックに）行けばよかった』。やらなくて後悔が残ることがこんなに悔しいんだ、って改めて実感したんです。同じことは絶対に繰り返したくないと思うし、そうならなきゃダメですよね」

想像を超える自分に

かつて10代の石川が己の道を貫いてきたように、自分が強くなるために最善だと信じる道を進んできた。

現役大学生でありながら、世界最高峰のイタリアリーグで戦う。その選択を、一人のバレーボール選手として称賛する声もあれば、学生ならば学生の本分を……と否定する人もいる。そもそも全員が賛同してくれることなどありえないと承知のうえで海を渡った。高橋にはたとえワガママだと捉えられてもそれを貫きたい理由がある。

「今、バレーボールをしている子どもたちの夢でありたいんです。好きなバレーボールをして、うまくなって、将来バレーボール選手になりたいと考えた時に海外という選択肢があってほしい。その道をつくること自体が大切なこと。僕も祐希さんがいなければできなかったかもしれない。日本代表選手というのは、それだけ影響力があり、夢を与えられる存在。しかも、それができる選手って限られていると思うんです。今、『日本のスポーツ選手といえば？』と聞いたら、たぶんダントツで大谷翔平選手じゃないですか。でも僕はそこに並べるような、〝バレーボール選手の髙橋藍〟になりたい。そのためにはイタリアで頑張ることはもちろんだし、そこで得たものを、たくさんの人に見てもらえる日本代表の戦いで発揮したい。僕は日本が勝つために強くなるし、強くなることがすべて。見てろよって思うと楽しいんです」

春高で初めて注目を浴びた頃。日本代表に選出されてから飛躍的な成長を遂げ、東京五輪に出場した頃。「すごい選手だ」と騒がれながらも、髙橋を語る時は必ず「次世代の」や「若き天才」といった類のフレーズがついてきた。

だが、18歳から22歳になった髙橋に余分な枕詞はもう必要ない。今や、日本代表にとって不可欠な存在であることに誰も異論はない。

高校時代は憧れ、目を輝かせながら、同じ練習をして追いつき、いつかそれ以上の自分になって追い越そうと、その背を見ながら走り続けてきた。そんな石川に対しても「あそこは自分に上げてほしかった」と、不満をストレートにぶつけられるようになった。見上げるのでも、追いかけるのでもなく、肩を並べて共に戦う存在になった。

イタリアでは互いにトップ選手同士として、プライドをかけて戦う。もちろん、石川だけでなく、世界中の至るところに超えるべき選手は数えきれないほどいる。そのすべてが、髙橋にとっては望んで求める成長の糧だ。

子どもの頃に描いた「オリンピックに出場する」という夢は、現実になった。春高でも優勝し、10代で日本代表に選出されるという、幼い頃には考えもしなかった未来を、今、生きている。

「子どもの頃に描いた自分は越えていますね。もちろん『オリンピックでメダル』は、まだこれからの話ですけど、壁にぶつかればぶつかっただけ、また強くなって、自信をつけられると思うし、そのイメージしかないです」

叩きのめされることもあるかもしれない。激昂することもあるかもしれない。プラスばかりでない、想像を超えるような出来事に巡り合うかもしれない。

それでも――。

「いつも言い聞かせているんですよ。自分に対して『俺はやれる』って。どんな状況でも、くよくよしたってしょうがない。うまくいかなかったらまた挽回すればいいし、やり返せばいい。この世界、やればいいだけですから」

だから、俺に上げろ。爽やかな笑顔で、バレーボールに邁進する選手と侮るなかれ。衝突、上等。必要なら、怒りも上等。

髙橋にとって、そのすべてが強くなるためのエネルギーだ。

第3章

山本智大／小川智大

世界のリベロ「ふたりの智大」

やまもと・ともひろ／リベロ。1994年11月5日生まれ、北海道出身。とわの森三愛高、日体大を経て2017年ＦＣ東京加入。翌年堺ブレイザーズへ移籍。2021年東京五輪代表。2023年パナソニックパンサーズ加入。171cm、69kg

おがわ・ともひろ／リベロ。1996年7月4日生まれ、神奈川県出身。川崎市立橘高、明治大を経て2019年豊田合成トレフェルサ（現ウルフドッグス名古屋）加入。3季連続ベストリベロ賞。2021年日本代表初選出。176cm、67kg

パリ五輪予選3日目　2023年10月3日　vsチュニジア

日本は、この日も2セットを難なく先取した。

あと1セット。今日こそ、〝魔の第3セット〟を払拭する――。

リベロの山本智大は、これまでの2戦と同様に、短いブレイクタイムにトイレへ走り、第3セットに向けて準備をしていた。

調子は悪くない。特にサーブレシーブは、チームデータで80％以上の返球率であることもわかっていた。

よし、今日こそストレートで。あと1セット、頑張ろう。

だが、コートに戻ると、監督から交代を告げられた。

「トモ、交代」

その合図に合わせて、同じく万全の準備をしていたもう一人のリベロ、小川智大がコートへ向かった。

出場8カ国の総当たり戦の中で、最も力が劣ると見られていたチュニジア戦は、強豪との対戦が控える終盤に向けて主力を温存する狙いがあった。ところが、フィンランド戦はフルセットまでもつれたため勝ち点2に留まり、さらに翌日のエジプト戦も同じく2セットをあっさり連取した後に、よもやの逆転負けを喫した。この第3戦でのストレート勝ちが絶対条件となった日本は、負傷の山内晶大を除き、これまでの2戦と同じメンバーで臨むことを余儀なくされた。

大会2日目に喫した敗戦のダメージは大きく、2セットを日本が先取しても、会場をどこか異様な緊張感が包む。そこで指揮官が絶大な自信を持ってコートに送り出したのが、今大会初出場となる小川だった。

「あと1セットなのに」。山本にとっては想定外の交代ではあったが、このまま一気に押し切る意図がある交代だとすぐに理解できた。

「トモ（小川）なら大丈夫。今日こそ普通に、ストレートで勝てるでしょ」

ここまで、出番を山本に譲っていた小川も、ようやく訪れた出場機会に特別な気負いはない。

「自分のプレーをして、結果を残す。（ここ2戦で奪われている）3セット目だからとも全然、思わない。俺もできるんだぞ、と見せることしか考えていませんでした」

平常心でコートへ。そんな小川のもとに、いきなり打球が飛んできた。チュニジアのジャンプサーブは軌道、スピード共に十分。ポイントを取られてもおかしくない威力だった。相手の狙いは日本の軸であるアウトサイドヒッターの石川祐希。その瞬間、横から小川が飛びついた。

「絶対、行くから」

実は小川はコートに入った直後に石川とそう言葉をかわしていた。小川がフォローした1本はきれいにセッター関田誠大のもとへ返る。そこから前衛レフトの髙橋藍がスパイクを決め、1対0で日本が先行。ベンチでは、右手の親指を立てた山本が小川に向けて声を張り上げた。

「トモ、ナイスパス！」

バレーボールでは、最後に得点した選手が注目を浴びるのが常だ。豪快なスパイクにつなげた1本のサーブレシーブは、むしろ「返して当たり前」と思われ、称賛されることなどめったにない。

しかし、小川の1本がどれほど重要だったか、仲間たちは知っている。第3セットの1点目を叩き出した髙橋藍の言葉がそれを物語る。

「相手が打ったのはすごくいいサーブで、エースを取られてもおかしくなかった。あそこで小川さんがナイスレシーブでつなげてくれなかったら、相手のサービスエースから始まって、また嫌な流れになったかもしれない。チームを救う、流れを変えてくれた1本でした」

小川のレシーブから始まった第3セットは、日本が25対15で制し、大会初のストレート勝ち。やっと自分たちのバレーボールができたと安堵する選手たちの中で、二人の守護神が談笑する。

「次の相手も強いかな」

「いつも通りやれば、大丈夫っしょ」

年齢は2歳違いだが、名前は同じ〝智大〟。多くを語らなくても分かり合える。そんな二人に最大の賛辞を贈るのが、アメリカ代表でVリーグのJTサンダーズ広島で2シーズンプレーしたアーロン・ラッセルだ。

「彼らは本当に素晴らしい。いかなる時もいいディフェンスをするしエナジーもある。コート内のリーダーシップにも長けていて、サイズは小さいけれど、間違いなく世界で5本の指に入る二人。日本のリーグでも、ナショナルチームでも、対戦するのが本当に嫌な選手たちです」

本当に嫌な選手――。世界の強者にそう言わしめる山本と小川は、一体どんな道のりを歩んできたのか。

History of TOMOHIRO YAMAMOTO

山本智大のプロフィールには「バレーボールを始めたのは小学校1年生」と書いてある。だが、実際はもう少し早い。

「5歳ぐらいですね。父は中学で監督をしていて、母もママさんバレーをやっていたし、今も続けています。両親ともバレーボールに携わっていて、2歳上の兄も小学1年生から始めたので、ごく自然に僕も練習へついて行く。だから、実際は小学校に入る前からボールに触っていました」

現在につながる片鱗は当時からあった。コートに入れられると、「取ってごらん」とボールが飛んできた。キャッチするだけでも拍手が起こる状況で、5歳の少年は見様見真似で手を組んでレシーブして見せた。

「なんかできたんですよ。チーム自体も全国大会で準優勝する強いチームだったので、最初から楽しかったです」

小学生時代からさまざまなポジションを経験し、リベロになったのは中学3年から。指導者でもある父・忠文さんからも転向を勧められ、JOC杯の北海道選抜にはリベロとして選出されている。これまで培ってきた技術力が高く評価され、転向間もないリベロにもかかわらず、道内の強豪校のほか、宮城・東北高といった全国に名を馳せる名門校からも声がかかった。

だが、山本は「自信がなかった」。そのため、道外へ飛び出してチャレンジするのではなく、北海道代表で共に戦った12人のうち7人と同じく、〝道内で勝てるチーム〟だったとわの森三愛高校を選んだ。

バレーボール一家に育ったことで、小さい頃からインターハイや春高バレーの存在はずっと意識してきた。「北海道代表として出場して一つでも多く勝てればいい」というモチベーションだったが、高校3年生でインターハイに出場し、ベスト8まで勝ち上がっている。

あと一つ勝てば、ベスト4。3位決定戦がないため、その時点でメダルがもらえる。

「奇跡だ」と言いながら臨んだ準々決勝で対峙したのが、2年生エース・石川祐希を擁する星城だった。

後に前人未踏の「高校六冠」を達成する星城にとっては、このインターハイは最初のタイトルになるわけだが、石川の存在を「もちろん、知っていた」という山本は、「超強かった」と笑いながら振り返る。

「試合前は石川もヘラヘラしてるんですよ。でも公式練習でフリースパイクを打ちだすと、ドカーン、と2階席に乗せる。それだけで、『うわ、すごっ』と圧倒されました。試合でもブロックの上から打ってくるし、拾えない。これはもうどうやっても負けるから、とにかく楽しもう、と思いながら試合をしていました」

全国大会に出場する高校とはいえ、とわの森三愛高では上下関係や山田和弘監督（当時）からの指導にがんじがらめになることはなく、ひたすらバレーボールを楽しむことができた。石川の目の前で散ったインターハイベスト8が高校生活の最高成績だったが、この先もバレーボールを続けられるなら続けたい、と思うようになっていた。といっても、高校生の山本に情報はなく、将来像は漠然と「教員になりたい」と描く程度。日本体育大学への進学を勧めたのは、山田監督だった。

希望する体育教諭の教職課程があるだけでなく、日体大を率いる山本健之監督は元日本代表のリベロであり、いわば第一人者とも言うべき存在だ。「間違いなく伸びる」と確信した山田監督の後押しを受けた。ただ、山本監督からかけられた言葉は衝撃的なものだった。

「『ボール拾いでもいいか?』と言われたんです。正直に言えば試合に出たかった。でも、高校時代の実績があるわけじゃない。大学へ行くのも、選手として将来どうなりたいというより、まず教員免許を取ることが第一だったから、ボール拾いでも仕方ないか、と。その時は深く考えず、『ハイ』と返事して、4年間ボール拾いの覚悟で入学しました」

日体大は厳しい。誰彼ともなく周囲から決まってそう言われた。それを本当の意味で実感したのは入学してから。まず高校時代とは異なる先輩・後輩の関係に戸惑った。基礎を重んじる技術練習もさることながら、山本監督から徹底的に叩き込まれるリベロとしての技術はもちろん、要求されることが常に高く、毎日の練習もハードだった。

だが、そんな日々の中で、山本はリベロとして得難い武器を身につけていく。山本監督から教えられたことの中で、何より響いたことは、周囲を動かす「リベロの声」の重要性だった。

「サーブレシーブでAパスを返すのは当たり前。そこにプラスして、相手のミドルがどこにいるのか毎回言え、と。(ブロックシステムが)コミットなのか、ステイか、フロントか。そこまで伝えろ、と言われたし、セッターが違う場所に上げてブロックされたら僕が怒られる。『何で俺が怒られるんだよ』と毎日思っていたし、大げさじゃなく、褒められたことは一度もありません。レシーブの形、獲り方、ポジショニング、いろんなことを言われて怒られ続けました。でも声の重要性を教えてくれた人なんて誰もいなかった。『お前の声で1点を取れるんだ』という言葉は、ものすごく、グッときたし、胸に刺さりました」

4年間ボール拾いのままで終わると思っていた大学生活は、意外な方向へと進んで行く。

初めての春季リーグに向けた練習試合。ボール拾いをしようとした山本に、監督からの指示が飛ぶ。

「山本、(コートに)入れ」

え? いきなりAチームのスタメン? どういうこと?

頭の中ではいくつもハテナマークが飛び交う中でコートに立った山本は、先輩や監督、周りの指示を仰ぎながらやるべきことを忠実に必死に果たした。その結果、2校との練習試合で勝ち越した。

そして、山本自身も想像しなかった抜擢が、偶然ではないことが証明されたのはその後の春季リーグだった。開幕からスターティングリベロとして出場し、10勝1敗でリーグ優勝を達成。中学でも高校時代にも経験してこなかった「優勝」をあっさりと成し遂げた。しかも、それだけではない。

「自分が一番びっくりしました。もしかしたらバレー人生で一番びっくりしたのが、あのリベロ賞だったかもしれないです」

ボール拾いとして入学したリベロが、大学1年の春季リーグでいきなり「リベロ賞」を獲得したのだから、驚くのも無理はない。導かれるままに開花した山本の名は、ここから一気に世代を代表する存在として広がっていった。

そんなサクセスストーリーを、憧れとはまた少し違う視線で見つめていたのが、2歳下の小川智大だった。

History of TOMOHIRO OGAWA

小川智大は子どもの頃から、抜群に運動能力が高かった。

「野球もサッカーも好きだったし、うまかったんです。野球のフライは最初から捕れたし、背面キャッチもできた。サッカーはドリブルが苦手だったけど、ゴールキーパーが好きで。コーナーキックで高いボールが飛んだとき、みんなは取れないけど、僕は簡単にキャッチしていたから、〝天才だ〟って言われていたんです（笑）。水泳は得意じゃないけど、走るのも速いし、柔道も得意だった。バドミントン、卓球、テニス……たぶん、（どの競技も）人並み以上にできるし、うまいほうだと思いますね」

どんなスポーツをやらせても軽々やってのける。どこへ行っても「すごい」ともてはやされた小川少年が、ただ唯一、褒められなかったのがバレーボールだった。

8歳上の姉がバレーボールをしていたこともあり、幼い頃から練習について行った。本格的に始めたのは小学3年生。他の球技と同様にバレーボールも最初から難なくこなせたのだが、とにかく練習が厳しかった。

平日は学校の授業が終われば練習が始まり、土日は朝9時から夜21時まで練習したこともある。遊び盛りの小学生にはそれだけでも過酷であるうえ、毎日「お前なんかいらないから出て行け」と怒られ、本当にコートから出される。聞くだけで少し胸が痛むような厳しい環境だが、小川は笑顔で「全然、苦じゃなかった」と回想する。

「周りの小学生は学校が終われば普通に遊びに行く。でも僕は練習がある。そういう生活が特別に感じられて、むしろ嬉しかったんです。〝俺、偉いな〟って（笑）。もともと相当な負けず嫌いで、当時はスポーツができるヤツが一番カッコいいと思っていたから、厳しいクラブで結果が出ていたことも嬉しかった。でもめちゃくちゃ泣き虫だったので、練習から外されると悔しくて泣くし、うまくいかないと泣く。1年のうち250日ぐらいは泣いていました」

厳しい練習で基礎技術を磨き、中学に入るまでにほとんどのポジションを経験した。リベロに転向したのは川崎市立橘高校に入学してから。「本当はレシーブしてから攻撃に入るレフトのポジションが一番好きだった」と言うが、子どもの頃からずば抜けていた運動能力と、高校でセッターも経験するほどのボールコントロール技術は、リベロになってからも武器となった。

神奈川県内では強豪校である川崎橘だが、全国大会の上位進出を狙えるチームではなかった。小川自身も「現実的に全国で一つか二つ勝てればいいいと思っていた」と振り返るように、高校時代は輝かしい成績を残しているわけではない。だが、有望選手が選抜される高校生のオールスタードリームマッチに出場するなど、小川の存在感は際立っていた。大学進学の際にはいくつかの選択肢があり、小川はその中から明治大学を選んだ。監督に勧められる進学先に進む選手が多い中、高校生ながら選ぶ基準、指針をしっかり持っていた。

「一番は、自分が試合に出られるのはどこか、ということでした。当時から僕はトモ（山本）さんがめちゃくちゃうまいことも知っていたし、トモさんの代には伊賀（亮平）さん、（井上）航さん、うまくてすごいリベロがたくさんいたので、この人たちと同じところに進んでも自分が試合に出られるかどうかわからない。明治も僕が入る時に4年生のリベロ、瀧野頼太さんがいて、『1年間は（試合に出るのは）難しいかもしれない』と言われたんですけど、練習試合をした時の雰囲気もよかったし、日体や東海と比べたら出られるチャンスは早いかもしれない、と思って明治に決めました」

3つ年上の瀧野はU20日本代表にも選ばれたリベロで、明大のレギュラーを務めていた。1年次は出場機会が限られたが、高校時代までとは圧倒的に異なる技術や意識を持った先輩が身近にいることは、大きな財産となった。日々の練習から瀧野のプレーを観察し、良いと思うものはすぐ吸収する。リーグ戦になれば他大のリベロを見て学び、憧れるだけでなく「ライバル」として意識し続けた。

「レシーブはもちろん、セットの練習もいっぱいしたし、声かけもいろんな人を見て、それぞれどんなタイミングでどんな声をかけているのか、見て真似しました。中には自分に合わないこともあって、これは違った、やらなくてもよかったな、と思うこともあったけど、まずはチャレンジする。ずっと、バレーボールを第一に考えていたし、トモさんや航さん、伊賀さん、ずば抜けてうまい人たちだとわかっていたけど、僕もこの人たちと勝負してリベロ賞が獲りたい、って本気で思っていました」

強豪が揃う関東一部リーグには、さまざまな大学のチームカラーがある。明大は、厳しさや規律正しさがイメージされるチームではなく、全員で楽しく勝つがモットー。小川自身も「実際にそういうイメージだったし、想像通りの雰囲気でもあった」と振り返る。ただ、それは見方によっては軽く見られることも少なくなかった。

だからこそ、小川はチームに対してあえて、言明した。

「勘違いするのが嫌だったんです。『俺ら明治だから』みたいな感じで、チャラチャラして、負けても勝ってもどっちでもＯＫ、という空気が嫌だった。だから僕は周りに対して『チャラチャラしても勝つならいいけど、負けたらダサいよ』って言い続けた。試合だけ見ている人にはわーわーやって楽しそうに見えるかもしれないけれど、練習だけはちゃんとやろう、って。僕もうまくなりたかったし、後輩を勝たせたかった。何より僕自身が勝ちたかったです」

強打や軟打、どんな球にも対応するレシーブはもちろん、ブロックやアタッカーに指示を送る「声」でチームを動かした。

さらにセッターが１本目をレシーブした際のセットには自ら積極的に動き、単に高いトスを上げるにとどまらず、アンダーハンドでミドルの速攻や両サイドへ速いトスを託す。そんな高度なプレーも小川にとっては決してトリッキーなプレーではなく、勝つために生み出したプレーの一つだった。大学3年の秋季リーグでは初めて「リベロ賞」を受賞し、拾うだけでなく〝魅せる〟という、新たなリベロ像をつくりあげた。

主将として臨んだ最後の全日本インカレは、準決勝で早稲田大に敗れた。「絶対に勝ちたかったので、悔しくて泣いた」が、翌日の3位決定戦では東海大に勝利し、表彰台に上がった。華々しいキャリアを終えて、いざVリーグへ。しかし、当の小川は意外な進路を考えていた。

「大学でバレーは終わり。4年になった時は普通に、そう思っていました」

History of LIBEROS

リーグ戦のリベロ賞にとどまらず、ユニバーシアード日本代表として国際舞台も経験した。日体大を卒業した山本は、東京を拠点とする「FC東京」へ加入した。サッカークラブと同じ名前だが、運営母体や選手の雇用形態はプロのそれとは異なる。もともと前身が「東京ガスバレーボール部」であり、2003年にFC東京へと名前を変えたものの、外国人選手を除けばほぼ全員が東京ガスのグループ会社である「ライフバル」に所属する社員選手。しかも、バレーボール部の選手が全員同じ勤務地になるわけではなく、業務形態も給与や雇用条件もさまざまだった。Vリーグでは、オフシーズンは社業に勤しむ社員選手を抱えるチームも珍しくないが、FC東京の選手たちはシーズン中も変わらずに社業をこなしていた。

入社当初の山本も例外ではなく、移動日を除く平日は、チームの寮があった墨田区から勤務地の板橋区まで通勤。午前8時前から午後1時頃までの勤務を終えてから、再び練習のために墨田区の体育館へ向かう。そんなハードな毎日を過ごしたことで、大学卒業からたった1年間で、体重は5キロ近く落ちた。

「朝5時に起きて5時半ぐらいに電車に乗って1時間かけて職場に向かう。お昼ご飯もろくに食べられない状態で練習に出て、夜は週に一度、チームからお弁当が出たけど、それ以外の日は気力がないから食べる気にもならない。日曜の（試合）時間によっては寮に帰るのが0時過ぎることもあって、また次の日は5時起き。アスリートの生活ではなかったし、そりゃあ痩せますよね」

勤務内容も内勤の事務作業ではなく、基本は外回り。決して楽ではなかった。

「お客さんの家に行ってガスの点検をしたり、ストーブを持って行ったり。そのための免許も取りました。一人の社会人として見たら大事な仕事なんですけど、バレーボール選手としての自分を考えると、他のチームの選手が練習をしている時に、自分は知らない人の家に頭を下げながら回っている。しかも試合にも出られなくて、余計にもどかしさが募る。何やっているんだろう、って。当時の僕には苦しかったです」

山本が慣れないサラリーマン生活に苦しんでいた頃、大学3年となった小川は関東大学リーグのみに留まらず、世代ごとの選抜合宿にも呼ばれる選手へと成長を遂げていた。大学3年にもなれば卒業後の進路の噂話も飛び交う時期で、実際に小川のもとにはいくつかのチームから声がかかった。だが、誘いに来た監督を目の前にしながら、

「（自身が描く理想と異なっているから）行きません」と断ったこともある。「今、思うとだいぶ失礼だった」と苦笑するが、小川らしい意志の強さの表れだった。バレーボールは続けたいけれども、望まない環境で無理やり続けるぐらいならば、むしろ社会人として生活をきちんとしたい。その意欲のほうが上回った。

小川はチームを模索するのと同時に、一般企業への就職活動を始め、営業職で5～6社から内定をもらっていた。さらに大手企業の面接も控えていたことから、小川自身は「営業職でバリバリ働く自分」の未来を強く想像し始めていた。

家族を始めとする周囲からは「バレーボールをしないともったいない」と言われた。それでも自分で決めたから、と就職への意欲を固める。そんな小川を思いとどまらせたのは、山本と小川をユニバーシアード日本代表に抜擢した早稲田大学の松井泰二監督だった。

アンダーカテゴリー日本代表に選出される選手たちには、その時だけでなく将来を見て、日本のバレーボール界を担う存在であってほしい。そう願う松井監督にとって、小川はリベロとして溢れんばかりの可能性を感じさせる選手だった。小川は「今も忘れられないし、あの時が人生の分岐点だった」と振り返る。

「松井さんから『トモ（小川）みたいな選手が、ここで辞めるなんて言っちゃダメだ』と。どこでやりたいのか、どういうチーム、どんな指導者、選手に関心があるのか、とにかく丁寧に聞いてくれたんです。だから、その時はリベロとして一番すごいと思っていた古賀幸一郎さんがいて、外国人指導者がいるウルフドッグス名古屋に興味があります、と答えました。そうしたら松井さんはウルフドッグスの方に僕のことを推してくれて、チーム側も面接の機会をつくってくれた。そのきっかけがなかったら、たぶん、あのままバレーボールを辞めていました。僕からすれば恩人で、松井さんがいなければ今は確実にないんですけど、松井さんは『トモの実力だよ』と。そもそも、松井さんが監督じゃなかったら、僕もトモ（山本）さんもユニバーシアードのメンバーに呼ばれることすらなかったと思います」

一方、山本も転機を迎えていた。選手としてのキャリアアップを求め、2018年に堺ブレイザーズへの移籍を決断する。長年、堺でリベロを務めた井上裕介が引退することも重なり、山本にとっては試合出場の機会をつかむチャンスでもあった。体育館の横にはクラブハウスが併設され、練習後の食事にも困らない。午前勤務の時間も練習やトレーニングに充てられるようになったことで、身体は一回り以上大きくなり、体重が10キロ増加した。

「堺に入ってから（日体大の）山本先生に会った時、『ガタイがよくなったな』と初めて褒められました。その後、代表にも呼ばれて、山本先生からは『身体がデカくなったことも代表に入った要素じゃないか』と。大学の時は吹っ飛ばされてばっかりだったけど、ボール負けしなくなった、と言われて、すごく嬉しかったのをよく覚えています。松井先生からユニバに選んでもらえなければつながらなかった道がたくさんあるし、たまたま井上さんが辞めるタイミングだったから堺にも必要としてもらえた。僕は縁と運とタイミングに恵まれているんです」

途絶える可能性もあったバレーボール選手としてのキャリアが、「縁」と「運」でつながった。世界に恐れられる二人のリベロは、2019年からさらに広く、世界へとつながるきっかけを手繰り寄せていく。

先に、日本代表に選出されたのは山本だった。

堺へ移籍した翌年の2019年に代表候補に選出。ただ、当時の指揮官・中垣内祐一から、最初の個別ミーティングでハッキリとこう言われている。

「お前は現状、3番手のリベロだから。ここから成り上がれ」

当時の日本代表でリベロの座を争っていたのは、ポーランドでプレーし、数々のキャリアを築いてきた古賀太一郎と、2014年に日本代表に初選出され、ネーションズリーグの前身であるワールドリーグの出場経験を持つ井手（築城（ついき））智。前年の世界選手権でもこの二人が選出されており、どちらもサーブレシーブと統率力に優れ、経験も豊富だった。特に2017年の中垣内監督就任時にコーチへ着任したフィリップ・ブラン（現監督）は、かつてポーランドリーグでも指揮を執っていた。古賀を直接視察していたので評価が高いのは当然だった。

だから、ポーランドリーグの日程の関係で合宿参加が遅れた古賀に代わって、「（5月からのネーションズリーグは）トモ（山本）で行くぞ」と言われた時は、喜びより悔しさが上回った。

「古賀さんが帰って来たらどうせ替えられると思ったら正直、悔しかった。クソ、俺だってやってやるからな、としか思えませんでした」

その反骨心が実ったのか、果たまた、優れたディグ力が評価につながったのか。山本はネーションズリーグでセルビア、ロシア、フランスという強豪相手の3試合にすべて出場。古賀が合流してからも試合出場を重ねて一気にメインリベロへと躍り出る。

古賀や井手と違い、国際大会で日本代表としてのキャリアが少ない山本にとっては、ブランコーチからのアドバイスはすべて新鮮だった。ポジショニングやリベロとしての考え方に耳を傾け、それをすぐに実践する。首脳陣が求めるプレーを試合で披露し、それが結果にもつながった。同年秋のワールドカップもスタメンで出場し、ディフェンスの中心を担った。中垣内の期待に応える、まさに3番手からの「成り上がり」を体現した。

同じ頃、小川は所属するウルフドッグスでチャンスをつかもうとしていた。

入団当初、ウルフドッグスには古賀太一郎の兄である古賀幸一郎が絶対的守護神として君臨していた。Vリーグで6年連続ベストリベロに選出され、特にサーブレシーブの技術はずば抜けていた。もちろん小川も、古賀の一挙手一投足を練習中から観察して真似る。わからないことをたずねると、包み隠さず教えてくれた。

「想像していた古賀さんは、センスの塊で全然練習しないでもパッとやってできる人だと思っていたんです。でも実際は全然違う。めちゃくちゃ練習するし、僕が聞くことに対しても一つひとつ『今のは、力が入っている』と直すポイントを的確に教えてくれる。古賀さんはその当時『今の自分にとって練習は量より質』と言っていたんですけど、そこに追いつくためにも僕はまず量が必要だと思っていたから、とにかくひたすら練習した。そのおかげで、どうすれば自分の調子を上げられるか、感覚をつかめるかというのがわかるようになりました」

２０２０年2月、試合中に負傷した古賀に代わり、小川が出場。そこからレギュラーリベロに定着し、翌年にはサーブレシーブ賞とリベロ賞を受賞した。見て学ぶ手本に加え、入団時にはトミー・ティリカイネン、さらにクリス・マクガウン、ヴァレリオ・バルドヴィンといった外国籍の指導者が指揮を執るウルフドッグスの環境も「本当に恵まれていた」と自認する。わからなければ聞き、納得してから実践する。小川の性格にもピタリとハマった。

「たとえばトミーには、『サーブレシーブの時に肘を伸ばせ』と言われたんです。でもその意味が僕はわからなかったから『何で？』と聞いたら、研究結果で出ていること、実際にインドアとビーチ、どちらも制した選手が実践してきた結果だと教えてくれた。『見てみろ、うまい選手たちはこうしているだろう』と映像を見せてもらうと、本当にその通りなんです。トミーだけじゃなく、クリスさんもヴァレさんも、ここがわからないとか、指示されることに対して『何で？』と聞くと正解を出してくれる。だからものすごく納得できるし、それからは言うことがすべてスッと入ってくる。本当に僕、恵まれているんですよ」

そして翌２０２１年、小川もついに日本代表登録選手に名を連ねた。

リベロだけが視る世界

近年、男子バレーの技術、戦術は進化の一途をたどっている。

攻撃が多彩になっていけば、当然ながら守備も進化しなければならない。ブロックとレシーブの連動など一層のトータルディフェンスが求められている中で、そのカギを握るのがリベロだ。

中でも、勝敗を左右すると言われるサーブへの対処に関する仕事量は多い。崩されても仕方ないような強烈なサーブを正確に返球するだけでなく、さまざまな場面でアタッカーをフォローする役割も求められる。

たとえば日本代表の場合、エースの石川を攻撃に入れやすくするため、サーブレシーブの機会を減らしたいという意図がある。ただ、石川からしても、攻撃のリズムをつくるために自ら「ここ一本、取らせて」とサーブを受けにいくシーンが発生する。その時、フォローの範囲を広げ、より石川がレシーブしやすい環境を作り出すのは、山本の仕事でもある。

しかも、そこでサーブレシーブにミスが生まれると、責任を問われるのは石川ではなく山本だ。ブランから怒られたエピソードを苦笑いで明かす。

「サーブレシーブが崩れると、ブランはすぐ『何でお前と（リベロ経験もある）藍が行かないんだ』と怒るんです。『祐希が取りたいと言ったから取らせた』と答えると

『お前がリベロ（守備）のリーダーだろ』と。かといって、あまりにカバーしすぎると石川もふてくされるから板挟み（笑）。セッターほどじゃないですけど、試合中も考えることだらけだから頭も使う。リベロって、結構疲れるんですよ」

サーブレシーブだけでなく、相手の攻撃を受ける際のディグも然り。120キロ近いスピードのアタックを至近距離で拾うには、ブロックや他のレシーバー、相手のスパイクコースも事前にデータとして頭に入れたうえで、どこで守るかを明確にする必要がある。

監督に言い返しても、跳ね返されるだけ。そんな時、思いを共有するのは同じリベロだ。

試合になれば、事前のデータ通りとはいかず、「もう少し違う位置で守ったほうがいいのではないか」という微妙な調整が必要になる。そんな時は決まって、山本と小川は意見を交換し合う。そのやりとりの真意はリベロにしかわからないと思う、と小川は続ける。

「試合前のAB戦で僕はBチームに入ることが多い。そこでも1本1本、西田のスパイク、もう少しこっちだったかなと思う時は、トモ（山本）さんに『もう少し詰めたほうがいいかな？』と聞くと、トモさんもすぐ『いや、そこでいい』って即答してくれる。何で？　と聞くと『詰めたら今の1本は上がるかもしれないけど、他の上げるべきボールが上げられなくなるから、そこでいい』と言われて、なるほどね、と納得できる。全部そういう繰り返しなんです。本心を言えば、リベロは拾えるボールは全部拾いたいし、身体も反応する。だけどそっちに行っちゃうと、拾えるボールが拾えなくてぐちゃぐちゃになる。トモさんが出ている時もそういうシーンがたくさんあるから、そういう時は僕が外から見て『ＯＫ』とか『もっとこっち』と共有する。スポーツ選手としては自分のいいところを出したいですけど、僕らが戦っているのは〝代表〟ですから。国のため、日本が勝つためにできることをする。そこは絶対です」

まさかのフルセット負けを喫したエジプト戦は、リベロにとってはこの上なくストレスがたまる試合だった。そこでも二人はたくさんの会話を重ねていた。

データ通りならば拾える位置で守っているにもかかわらず、相手の選手が交代したことで攻撃パターンが変わり、「そこまで高いトスを打つか？」という単調でパワー重視のスパイクにトータルディフェンスが乱された。山本は外から見ている小川とレシーブ位置の情報を共有した。

「トモ（小川）に『ここで合ってる？』と聞けば、『大丈夫、ブロックが変なところに当たっているだけだからそこでＯＫ』と言ってくれる。タイムアウトでイライラしている時も、僕が言う前にトモから『相手のスパイク、めちゃくちゃ変なところに来てるよね』と言ってくれるから、やっぱりそうだよね、と共有できる。それだけでもリベロって救われるんです。同じポジションですけど、トモがいてくれるのは僕にとってもめちゃくちゃ大きいです」

優れたリベロとは何か。そう問うと、問われた数だけ答えが出てきそうだが、間違いなく言えるのは、監督が求めるバレーボールを体現できるか、否か。その意味で現在、指揮官フィリップ・ブランの理想を体現しているのは山本なのだろう。小川も、「自分もやることはやっているけれど、それ以上のことをトモさんがコートで出している」と感服している。

北海道から強豪校へ飛び出すことを「自信がなかった」と躊躇していた頃の姿は、今はない。学生時代が基礎だったとすれば、才能が開花したのは日本代表に入ってから。その大きな部分を担うのがブランであり、リベロとして学んだことは数えきれないほどある。

東京五輪の翌年、コーチから監督に昇格したブランは面談で山本にこう伝えた。山本は、今も忘れられないと嚙みしめる。

「『自信を持ってプレーすれば、お前は世界のトップに入れる。持っているものは素晴らしいんだから、それが出せるか出せないかは、自信を持ってプレーできるか、できないかだ』と。ブランも山本先生と一緒で、褒められることってほとんどないんです。でもその言葉はすごく嬉しくて、頑張ろう、と思いましたね」

銅メダルを獲得したネーションズリーグの直後には、こんなやり取りがあった。何げない会話の中で、ブランが山本に言った。

「トモ（山本）、お前、今、世界でどの位置にいると思う？」

少し考えて、答えた。

「5本の中には入っているんじゃないかな」

ブラン監督の返しは違った。

「トモと小川、二人とも世界のトップにいる。間違いなく二人が共に世界のトップリベロだ」

ブランの言う通り、山本と小川は世界でも屈指のリベロだ。ただ、コートに立てるのはたった一人。チームとして見れば幸せなことだが、選手同士の関係性ならば、そう簡単なものではない。言葉にせずとも、対抗心を抱いても何ら不思議はない。

しかし、小川に言わせれば、自分たちの関係は少し違う。

「僕、自分よりうまいリベロを探してみても、そんなにいないと思えるぐらい自信はあるんです。だから、試合に出られないのは悔しいし、バチバチするところもありますよ。だけどトモ（山本）さんが活躍したら嬉しいし、チームが勝つのも嬉しいけど、やっぱり俺が出たいな、とも思う。でも、それ以上に結果を残し続けるトモさんが本当にすごいし、トモさんの映像やプレーを見まくって、自分もどんどんうまくなる。それが楽しいですね」

パリ五輪予選でも、その前のネーションズリーグでも、小川は試合中、準備を怠らず、ブランの顔を見る。出せ。出してくれ。俺もいるんだぞ、と。

「僕は常に（試合に）出たいし、そうじゃなきゃダメだと思う。未だに、出られないことに対して慣れることはないです」

ブランは二人の関係を熟知しているからこそ、チュニジア戦のシビれる場面で小川をコートに送り出すことができたのだろう。そして山本は受け入れ、小川は期待に応えた。一人ではなく二人いるから高め合える。共に積み重ねてきたものが、日本に大きく流れを引き寄せた。

主将の石川は、山本と小川をこんなふうに表現する。

「君ら2人が、リベロの価値を上げているよね」

その言葉を聞いた山本が苦笑する。

「『君ら』って。俺、お前より年上だぞ、と思いましたけど、素直に嬉しいですね。小川がいるから僕もやれる。お互いに良いプレーをして、成長していければ一番いい。ただバチバチするだけじゃなく、何だろう、こういう関係性って、他のポジションにはないし、僕らだけ。特別な関係なんです」

ライバルであり、最強の味方。

「いつも通りやれば、大丈夫っしょ」

〝特別な〟二人に、多くの言葉はいらない。

第4章
山内晶大／髙橋健太郎 小野寺太志
高校生から始めた〝元素人集団〟の誇り

やまうち・あきひろ/ミドルブロッカー。1993年11月30日生まれ、愛知県出身。名古屋市立工芸高、愛知学院大を経て、2016年パナソニックパンサーズ加入。東京五輪代表。204cm、85kg

たかはし・けんたろう/ミドルブロッカー。1995年2月8日生まれ、山形県出身。米沢中央高、筑波大を経て2017年東レアローズ加入。2季連続でブロック賞を受賞。202cm、90kg

おのでら・たいし/ミドルブロッカー。1996年2月27日生まれ、宮城県出身。東北高、東海大を経てＪＴサンダーズ広島へ。東京五輪代表。2023年サントリーサンバーズへ移籍。200cm、94kg

パリ五輪予選４日目　２０２３年10月４日　vs トルコ

「42／71」「8／12」

何の数字か――。

前者は日本が打ったスパイク数と、決まった本数だ。日本はトルコを相手に合計71本のスパイクを放ち、そのうち42本が得点に結びついた。さらに、総スパイク数のうち、ミドルブロッカーに上げたクイック攻撃は12本。トルコのスタッツと見比べると、その本数自体に遜色はないのだが、決定本数に目を移すとトルコの1本に対し、日本は8本と大きく差をつけた。いかに日本のミドル攻撃が機能しているか。この隠れた〝献身〟こそ、男子バレー躍進をひもとくうえで、重要なキーワードになる。

ストレート勝ちが絶対条件であるチュニジア戦のミッションをクリアした日本は、いよいよ強豪との直接対決が続く五輪予選後半戦に突入した。

緊張感が漂うトルコ戦の前、ミドルブロッカーの髙橋健太郎には、ある予感があったという。

「セキさん（セッター関田誠大）の目を見れば、『来るな』とわかるんです。1セット目からバンバン（トスを）上げてくれたおかげで、その後の布石ができました」

布石――ミドルブロッカーのクイック攻撃が、他のアタックにも影響したということか。答えは明白だ。エースに対し、相手は当然、得点させまいと対策を講じてくる。エースにブロックが1枚で対応することは滅多になく、得意のコースを防ごうと複数人がブロックに跳ぶ。さらに、質の高いチームとなれば、緻密に計算された位置にレシーバーたちが控えている。日本でいえば、石川祐希や髙橋藍、西田有志らがそれに該当し、彼らを活かすためにトスを散らしたい。

その時に重要になるのがミドルブロッカーの攻撃だ。コート中央からのアタック機会を増やし、「両サイドだけでなく、真ん中も警戒すべき」と意識づけることで、相手ブロッカーに迷いを与え、0コンマ数秒でも動きを鈍らせることがアタッカー陣のチャンスにつながっていく。

また、多彩な攻撃陣を操る関田は、クイック攻撃の優れた使い手でもある。若手選手に話を聞けば、ほぼ100パーセントに近い確率で「関田さんを参考にしている」と答えが返ってくる。関田がうまくミドル攻撃を絡めることは、日本の勝利の方程式にもなっている。

すべてのプレーが細かく数字で分析されるバレーボールにおいて、セッターとブロッカーの駆け引きは実に緻密だ。互いが互いを上回るべく、データをもとに策が練られ、試合になれば戦術を変えてくるのも日常茶飯事。実はこの日のトルコもまさにそうで、事前のデータや練習試合と異なり、関田のトスを見てから移動する「リードブロック」を採用してきた。

それに対して関田は、ワールドクラスに匹敵する高さとパワーを持つ髙橋健太郎、小野寺太志、そして山内晶大と2メートル級のミドルブロッカーを積極的に使う手に打って出た。

冒頭の数字にも表れているように、スタメン出場した髙橋と小野寺が試合の序盤から機能した結果、トルコのブロッカーの頭の中には確実に〝ミドルの残像〟が残った。その状況を「してやったり」とばかりに、今度は関田がサイドの石川や髙橋藍、オポジットの西田にトスを上げる。トルコのブロックは完全に分散。日本は8月の練習試合でトルコに敗れており、会心のストレート勝ちで雪辱を果たす恰好になった。

この結果に、誰よりも安堵していたのが髙橋だった。

髙橋の脳裏には、初戦のフィンランド戦の苦い記憶が残っていた。途中出場するも、ブロックやスパイクで目立った活躍ができず、「何もできないどころか、チームの流れを悪くしてしまった」と猛省。フルセットまでもつれる展開を悔んでいた。

「もう出場機会すら与えられないのではないか……」

自分を責めていた矢先、山内の肩痛が発症。3戦目のチュニジア戦からスタメンで起用された。

懸命な髙橋の様子を誰より近くで見ていたのが関田だ。かつて自身も経験した〝途中出場〟の難しさをこう語る。

「途中出場で入るのは、誰だって難しいし、そこで流れが変わってしまったら、僕も

『やっちゃったな』と責任を感じます。そこは、もともと試合に出ている人が助けて、順応して、機能させるように。僕だけじゃなく、周りもそういう気持ちでした」

同じミドルの山内、小野寺も髙橋の葛藤は痛いほどわかる。タイムアウトの際やセット間、ベンチでは必ずミドルの3人が輪をつくる。相手の攻撃パターンに対して、ブロックの位置やタイミングがずれていないか。少ない言葉で確認し合い、そっと背を押し、またコートへ送り出す。誰が出ても、俺たちなら戦える。

振り返れば、男子バレー界では、長年、飽きるほどこう言われてきた。

「日本の課題はミドルだ」

だが、今はどうか。日本には、攻撃を組み立てるうえで武器にもなり得るミドルブロッカーが、3人も揃っている。さらに興味深いのは、彼らには、高校生から本格的にバレーボールを始めたという共通点があることだ。

バレーボールの経験が浅い「元・素人」が助け合い、刺激し合って世界に挑む。この物語が、面白くないわけがない。

History of AKIHIRO YAMAUCHI

2014年5月。20歳の山内晶大は、204センチの身体をかがめて、地図と乗換案内の画面を開き、彷徨っていた。「ナショナルトレーニングセンター」はどこにあるのか、と。

「まず『赤羽』ってどこ？　から始まって……。着いたら着いたで、どこから入ればいいかわからないし、入口がわかってもそこからどこへどうやって行けばいいかわからない。何もかも全部、わからないことだらけでした」

大学生の山内が初めて日本代表に選出された時、バレーボール歴はわずか5年。何もかもが戸惑いの連続だった。

この年、日本代表監督に南部正司が就任し、山内だけでなく、石川祐希や髙橋健太郎など、現在の日本代表のベースとなる選手選考がなされた。それまで日本代表の中心として活躍してきた清水邦広、福澤達哉といった面々に、10代から20代前半の若い選手が加わる。中でもビッグサプライズだったのが山内だった。

アンダーカテゴリーを通して初の日本代表だったこともあり「誰も知らない」状態で、大きな身体を小さくして隅に座っていた。

あれから10年。

「あっという間といえば、あっという間ですよね。でも自分が一番信じられないです。バレー歴のほとんどが日本代表とか、ありえないでしょ」

２０２３年パリ五輪予選に出場した15名は、小学生からバレーボールを始めた選手が大半を占めている。だが、山内がバレーボールを始めたのは高校1年の春だ。

バレーボールをしていた母の影響で最初は自分もやってみようかとも考えたが、小学校にクラブがなく、その高い身長はバスケットボールに活かされていた。中学でもバスケットボール部に所属。そもそも性格自体が「ガツガツしていない」と自己分析するように、〝強豪校で全国大会を目指す〟と考えるタイプではなかった。高校を選ぶ際も、卒業後に就職しやすいように、あるいは土木測量を学ぶ大学への進学を見据えて、名古屋市立工芸高校を選んだ。

高校でもバスケットボールを続けるか、新たにハンドボール部に入るか迷っていたが、どちらの部も選手たちの筋肉や体格に圧倒され、「これはキツイ」と尻込み。その時、バレーボール部の志水洋監督に「バスケほどきつくないからやってみないか」と声をかけられた。嫌だったら辞めればいい、という軽い気持ちで入部した。

部員数が多いわけではなく、「練習時間に遊びでやっていた卓球のほうがうまかった」。小学生の頃からバレーボール経験のある同級生に教えてもらいながら、壁に向かってパス練習をし、見様見真似でスパイクを打つ日々を過ごした。ただ、バスケットボールで培ったジャンプ力はバレーボールでも発揮され、少しずつできることが増えると、意外と楽しくなってきた。

とはいえ、「勝ちたい」と思うほど情熱を注げているわけではない。試合に出場すると言っても県大会どころか、県大会に出場するための地区予選が山内にとっての「大会」だった。そもそも勝ち上がると何につながるのか、という基本すら理解しないまま出場していた。「一つか二つ勝てればいいほうだった」というのも決して自虐ではない。

だが、高2の時点ですでに身長190センチを超える逸材を周囲がそのまま放っておくわけがなく、高3で国体の愛知選抜に選出された。そこで出会ったのが2学年下の石川祐希だった。

「ひょろひょろで、ヘラヘラしていた」と山内は当時の印象を振り返るが、そこから石川は「高校六冠」という前人未踏の快挙を打ち立て、一気に全国区を飛び越えて世界へと名を馳せていった。

一足先に高校を卒業した山内も、高校入学の際に考えていた進路ではなく、声をかけてもらった愛知学院大のバレーボール部へ。東海リーグや西日本インカレを制する強豪で、現在につながるバレーボールのほとんどを学んだ。

「周りは（高校時代に）全国大会に出た選手がいるのに、僕は『ローテーションって何？』というところからスタート。コートの中でどう動いていいかわからなくて、ただグルグル回るだけの迷子でした」

身長はさらに伸びて2メートルを超えていたが、できる集団の中にほぼ素人が一人だけ混ざる。しかも、大きいから、という理由で選ばれているのがわかっていれば反感を買うこともありそうだが、そんなレベルも超えていた、と笑う。

「ヘタクソすぎて、（愛知学院大監督の）植田（和次）先生も、周りの選手も全員優しかったです。怒られるどころか、周りに対しても〝できなくて当たり前〟とうまく伝えてもらっていたし、ゆっくり、僕のペースに合わせた指導をしてくれました。そのおかげで練習がきつくてついていけないということもなかったし、身体が痛くなることもなかった。もしも、もっと厳しくてレベルの高い強豪校に行っていたら、ついていくこともできず、とっくにバレーボールを辞めていました」

大学では、素人同然のレベルでも、経験値を上げるべく試合出場の機会に恵まれた。それだけでも十分、山内にとっては「予期せぬ出来事」ではあったが、さらにそれを大きく上回る出来事が次々と起こる。

当時パナソニックパンサーズを率いていた南部や、2020年東京五輪に向けて若手選手を育成するためのプロジェクトCOREでチーム監督を務めた、酒井新悟（当時の堺ブレイザーズ監督）から「Vリーグの練習に参加してみないか」と声がかかった。この時は途中で発熱し、参加したと言うにも及ばない経験で終わったのだが、翌年、日本代表監督になった南部からなんと日本代表に大抜擢される。

「周りの人たちも当然、山内って誰？　ですよね。自分が一番驚きましたから。何もできないのに日本代表？　って」

戸惑いと驚きの連続。だが、そのスポンジのような吸収力のおかげで、山内はどんどん評価を上げていった。

そんな山内が「一緒に切磋琢磨してきた」と語るのが髙橋健太郎だ。

「最初の印象は最悪でしたよ。坊主頭で、めちゃくちゃキレる。コイツおっかねー、って。怯えていました（笑）」

出会いは、山内が高校3年で高橋が高校2年のことだった。

History of KENTARO TAKAHASHI

自分で捕って、投げられる野球と違い、ボールを持つことができないバレーボールは難しい。

「クソッ」

思い通りのプレーができないことに高橋健太郎はイライラしていた。

跳んで打つならまだしも、レシーブはお世辞にも得意とは言えない。それなのに、相手は自分のところを狙ってサーブを打ってくる。返球が乱れ、思わず舌打ちが出た。

２０１１年、山形選抜の高橋は山口国体前の合宿で行われた愛知選抜との練習試合に出場していた。公式戦だろうと練習試合だろうと、もっといえば日々の練習でも、腹が立てば感情を露わにしていた。だから、愛知選抜の山内にショートサーブを打たれたことにも苛立ちを隠しきれなかった。

今となっては高橋自身も「相当な問題児だった」と笑う。

子どもの頃は父の影響を受けたバリバリの野球少年だった。父と二人三脚で野球の練習やトレーニング、自宅での素振りは毎日の日課。身体能力は抜群で、将来の夢はプロ野球選手。高校生になれば当然、甲子園を目指して戦う高校球児になると思っていた。しかし、中3で右肘を痛め、野球の道を断念せざるを得なくなった。

スポーツ自体に興味を失っていたが、願書提出に行った米沢中央高校で、偶然、安部文男校長とバレーボール部顧問の目に留まった。「バレーをやれば絶対に全日本（日本代表）に入れるぞ」と誘われた大柄な少年は、決して積極的ではなかったが、「帰宅部になるぐらいなら、バレーボールでもいいか」と軽い気持ちで入部した。

だが、いきなり躓いた。当時のバレーボール部顧問は筑波大バレーボール部ＯＢでもある川口直樹監督。熱心にバレーボールと向き合い、指導も厳しい。バレーボールの基礎技術はもちろん、日々の生活に至るまで「とにかくしょっちゅう叱られた」。話を掘り下げれば、それも無理はない。高校時代の髙橋は、練習で叱られ「帰れ！」と言われれば「ラッキー」と言って本当に帰宅してしまう少年だった。自宅まで追いかけてきた監督に再び説教をくらう。練習の厳しさに耐えきれず、何度も辞めたいと思い、実際に退部したこともあった。

そもそも当時の髙橋は、バレーボール自体にそこまで興味を持てていなかった。自分が目指していたのは甲子園で、急に「春高を目指せ」と言われてもイメージが湧かない。しかも、球児の坊主頭はわかるが、バレーボール部も坊主頭でハチマキまで絞めている。体育館でのスポーツといえばこんな感じだろうとバスケットボール部をイメージしていた高橋は、バレーボールの短パンにも驚愕していた。

「俺はこれを穿くのか、と思ったし、父親も『こんなに短いパンツでやる競技があるのか』と。今、思えば全然大したことではないんですけど、当時の僕にとっては一大事でした」

とはいえ、繰り返しになるが、身体能力は抜群だった。跳躍力やブロック時の移動スピード、一つひとつの能力を見れば、日本国内でトップどころかワールドクラスではないか、という可能性を感じさせるプレーを見せた。しかも、試合になれば、負けると泣きながら抗議するぐらい、筋金入りの負けず嫌い。自分よりも強い相手に勝ちたい、と思うのは高橋にとっては当たり前だった。

その向上心が活かされたのが、2012年に選出されたU18日本代表でのこと。出場したアジアユース選手権で、そのポテンシャルの高さを随所に見せつけた。

高橋にとっては初めての国際試合だった。日本で、しかも山形では自分より高さで勝る相手はいない。だが、同じアジアのイランや中国には2メートルの自分よりデカくてゴツい相手なんていくらでもいた。日の丸をつけた高揚感と、「上には上がいる」というシチュエーションが、高橋の闘志に火をつけた。

「高さには自信があったのに、相手は自分の上から打ってくる。それだけでも悔しいし、負けたくない。だから、バレーの試合なんですけど、僕の中ではケンカするぐら

い の気持ちでぶつかっていました」

完全アウェイの中でイランと対戦。経験したことのない盛り上がりやブーイングは髙橋の壁を打ち破る契機になった。

「ここで何かできたら、人生変わるんじゃないかと思えたんです。たぶんあの時に初めて、バレーボールの目標ができて、自分のスイッチが切り替わった瞬間でした」

ユースやジュニア（U20）、アンダーカテゴリーではミドルブロッカーのポジションに入り、筑波大学時代はオポジットも担った。〝相手とケンカする〟という表現は決して大げさではなく、ブロックに止められたり、スパイクミスで相手に得点を献上するとコート上で大声をあげる。悔しさを抑えきれず、ベンチの椅子やネットに八つ当たりする光景も、珍しいことではなかった。

その熱さを長所と評価し、世界と戦う場合は武器になると確信した南部は、2014年に日本代表へ抜擢する。さらに、注目を浴びたのは翌2015年。前年のアジア競技大会にも出場した石川、柳田、山内に髙橋を加えた4人を「NEXT4」と命名。この秋開催されるワールドカップに向け、男子バレーの人気回復へつなげるべく、露出の機会が多く設けられた。

往年のバレー人気を知る人からすれば、男子バレー選手がアイドルのように扱われても「今度はこの選手たちか」とあっさり受け入れるかもしれない。だが、男子バレー人気を知らないどころか、男子バレーがそれほど注目されていない時代に育った「N

EXT4」の本人たちは戸惑うばかりだった。

ただ、目立ちたがりの髙橋にとっては好都合だった。注目されてナンボ。取材時やゴールデンタイムに生中継されるワールドカップのPRも兼ねてバラエティ番組に出演した際も、機転の利いたコメントで笑いを誘った。

「とにかく目立ちたくて、面白いことを言いたかっただけで何も考えていませんでした」

ただ、その立ち位置にも徐々に葛藤が生じる。

いざ、試合が始まれば石川と柳田はスタメンでコートに立ち、山内も出場機会を増やしていく。自分だけがワンポイントブロッカーに留まり、試合に出ても十分な活躍どころか、ボールに触ることすらできずにベンチに戻るだけ。突き付けられた現実は厳しかった。

大会の序盤に会場で顔を合わすと、「めちゃくちゃ燃えてきました」と笑顔を見せるのだが、中盤に差し掛かるにつれ、笑顔が消え「今日もダメです」と悲観的な言葉が増える。「NEXTの他の3人と比較して自分の役割をどう捉えるか」という質問に対し、質問者の方向すら見ることなく俯き、小さな声で返答する姿もあった。

気にしなくていいと頭ではわかっていても、周囲の声や反応を気にしているのは明らかだった。

「むしろ、NEXT4って何だよ、って思っていました。明らかに僕だけ、実力不足でしたから」

朗らかで豪快そうに見えて、誰よりも繊細。うまくいかない現状に苛立ち、もがく日々。

そんな葛藤を抱いていたのは髙橋だけでない。寄せられる期待の大きさと比例しない現実に、焦燥感に駆られるミドルブロッカーが、もう一人いた。

History of TAISHI ONODERA

春と秋、週末に行われる大学リーグ。大勢の観客が詰めかけていたが、〝お目当て〟が自分ではないのは明らかだった。

隣で試合をする中央大と自身が所属する東海大の応援席を見比べて、小野寺太志はいつも心で毒づいていた。

「結局、また石川祐希かよ」

1996年2月生まれ。山内の2歳下で、髙橋の1歳下。同じ学年には石川祐希がいる世代だ。

星城で「高校六冠」を達成した石川は、中央大1年で日本代表に選出された。同じU18やU20で戦い、共にアジア大会に出場していた同期は一気に階段を駆け上がり、日本代表のエースになろうとしている。普段は気心の知れた友達ではあるが、石川ばかりがチヤホヤされることは、正直面白くなかった。

「初めて来た記者の人に〝石川世代〟って言われたこともあって。それはさすがにイラっとしたんで、『僕、石川じゃないんで、石川に聞いて下さい』って答えたこともあります。ヘタクソなくせに、相当、トガっていました」

バレーボールをしていた両親譲りの恵まれた体軀は産まれた時から。「手をグーにしてもくぼみができないぐらいまんまるだった」と笑いのネタにするように、身長も体重も人並み以上に大きい健康優良児。幼稚園や小学生の頃の集合写真では、必ず頭ひとつ飛び抜けていた。

両親に倣い、早くからバレーボールを始めたかと思いきや、実業団でプレーした母・いく子さんは現役選手だった頃の練習や日常生活の厳しさから、「自分と同じ思いをさせたくない」と、息子にはあえてバレーボールをやらせずにいた。

だが、せっかくの体軀を活かさないのはもったいない。スポーツの盛んな宮城県の中でも、特に人気があるのは野球だった。子どもの頃は「おデブちゃんだったから、走るのが苦手だった」と自身を揶揄するように、運動が得意だったわけではなかったが、中学生になって入った野球部でボールも触らずひたすら走ったことで脂肪が筋肉になり、身体もみるみるうちに絞られた。

高校でも野球を続けようと考えたことはあった。だが、すでに中3の時点で身長は190センチを超えていたことから、バレーボールへの道が開かれる。

中学最後の野球大会を終えると、年末に開催されるJOC杯で宮城選抜に選ばれた。異例の抜擢だったが、それをきっかけに父の母校でもある東北高のバレーボール部に進んだ。

高校のメンバーのほとんどが小学生の頃からバレーボールを始め、全国大会も経験した選手ばかり。小野寺の技術が比べられるレベルにないことは自分が一番わかっていた。しかし、小野寺には身長と親譲りの身体能力という武器があった。だが、それも複雑だったと振り返る。

「自分よりうまい人たちがいっぱいいるのに、デカいだけで使われる。試合に出られるのは嬉しかったですけど、自分が出ていいのかな、という思いはありました」

それでも高1から春高バレーに出場。選出されたU18日本代表には、石川だけでなく、大宅真樹や髙橋といった現在もVリーグや日本代表で活躍する選手が揃っていた。ましてや当時のアンダーカテゴリーで合宿にも多くの選手が呼ばれ、主軸になるのは、石川を中心にした星城のメンバーだ。小野寺からすれば全員バレーがうまい人たち。

「祐希も優しかったですよ。僕がヘタクソすぎたので、当時はいろいろ教えてくれました（笑）」

だが、高校時代の成績を見れば、石川は遥か上の存在。

「僕は2、3年の時は春高に出られなかったので、星城の六冠は普通にテレビで見ていました。同世代で一番うまい選手たちが集まっているのが星城で、一番すごいヤツが祐希だったから、そりゃ勝つよな、と思っていたし、ライバルだなんて考えるレベルにも届かない。ずっと見上げていました」

その関係性が少しずつ変化していくのは大学に入ってから。東海大に進学した小野寺は、ミドルブロッカーとして1年目から試合に出場する機会を得ていたが、中心選手というにはあまりにも力も経験も足りない。上下関係も厳しく、準備でミスをすれば練習自体が滞り、上級生から叱られる。ボール回しやボール拾い、練習のための練習を朝早くに来てこなし、練習が終われば片付けや洗濯を行う。

1年生はそこに加えて授業もほぼフルで入っている。めいっぱい、すべての時間を費やしてバレーボールや大学生活に取り組んでいるのに、その成果を発揮すべく大学リーグの会場に行けば、多くのファンが集まってチヤホヤされるのは石川がいる中大ばかり。

「完全にふてくされていました。でも僕だけじゃなく、みんなやっぱりうらやましさもあって、だからこそ無意識に『中大には絶対負けない』というライバル心が植え付けられました」

リーグ戦だけでなく、全日本インカレでも「またか、というぐらいいつも中大と当たって、いつも中大に負けた」と苦笑いを浮かべるように、4年生の全日本インカレも最後の3位決定戦で敗れたのが、また中大だった。

「また負けるのか、って思うし、そもそもまた当たるのか、って（笑）。大学4年の1

年間はチームを離れることも多かったから、最後にチームを勝たせて終わりたかった。それが叶わなかったのは残念だし、すごく、悔しかったですね」

野球からバレーボールに転向してから5年、小野寺が石川に遅れて日本代表に選出されたのは大学2年だった2015年のこと。アンダーカテゴリーで共にプレーしてきた選手も名を連ねていたが、自分の力が通用するのかと少なからず不安を抱いて合宿に参加した。

しかし、そこには、その不安を打ち消してくれる存在がいた。

「俺もヘタクソだけどこの人もヘタクソだなぁ、って。今、思えば、どっちもどっちですけど（笑）」

小野寺の視線の先に、山内がいた。コートを迷子になっていた頃より少しは進化していたが、まだまだ、誰が見ても「うまい」の形容詞はついてこない。バタバタと、不器用に動き回る姿を見て、若かりし小野寺は少しだけ、安心した。

History of MIDDLES

2016年リオデジャネイロ五輪の出場を逃した男子バレーボール日本代表は、翌2017年に中垣内祐一監督が就任。フランスの知将フィリップ・ブランをコーチに招聘し、新たなスタートを切った。

メンバーが大きく入れ替わる中、ブランが日本の課題であるサイドアウト力向上の切り札と考えたのが、セッター藤井直伸とミドルブロッカーの李博の選出だった。どちらも上背はない。しかし「セッターにパスが返ったらミドルを使う」がセオリーとされる中、レシーブの返球位置がズレたときでも離れた位置から積極的にミドルを使う二人のコンビネーションが高く評価された。Vリーグでは対戦相手として対峙してきた山内も、日本代表で藤井のトスを実際に受けて、驚愕した。

「そもそも僕は離れたところからBクイックが来るというシチュエーションがなかったので、最初は合わせるのが大変でした。それまでだったら、セッターがボールを取ろうとしているぐらいのタイミングで助走に入って、相手のブロッカーを見ながら、空いている場所に打つ。でも藤井さんのトスは全然違って、藤井さんがボールに触った時にはもう空中でスイングできる状態じゃないと間に合わない。そうじゃないとすぐボールが来るから、もたもたしているとボールが目の前を通過していく。〝打つ〟というよりも、藤井さんのトスを〝打たされる〟イメージでした」

トスが来る場所に合わせ、跳ぶ。来たトスに合わせて腕を振れば、相手のブロッカーもレシーバーもいないところに決まる。味わったことのない感覚に加え、藤井は、仮に決まらなくてもまた何度でもトスを上げてきた。

「ミドルを使ってくれる回数が多いから、僕の打数自体も増える。ワガママかもしれないですけど、僕はやっぱり打数が少ないと楽しくないから、今も自分にトスが来ないとタイムアウトの時とかに『まだこれしか打ってないですよ。もっと上げて下さい』と言っちゃうんです（笑）。だから藤井さんが代表でバンバン、ミドルを使ってくれて、僕もバレーボールに参加している感じがすごくあった。あの頃からどんどんバレーボールが楽しくなりました」

新生日本代表の象徴が、藤井を起点としたミドルからの攻撃を多用するスタイルだった。加えてブランがもう一つ、大胆な策を打ち出す。２０１７年のワールドグランドチャンピオンズカップに向け、小野寺をアウトサイドヒッターにコンバートした。

当時のミドルブロッカーの布陣は山内、髙橋、李、そして身長２メートルの出来田敬。小野寺は４、５番手。せっかく高身長で、運動能力も高い小野寺を使えないのはもったいない。ミドルブロッカーは本来サーブレシーブをしないポジションではあるが、小野寺はもともと器用な上に高校時代からレシーブなどの基礎練習を積極的に行なってきた。鍛えていけば日本にとって不可欠な大型選手としての可能性が見出せるのではないかとブランは考えた。

小野寺からすれば試合に出る機会が増えるのは喜ばしいことである一方、サーブレシーブ、サイドで跳ぶブロックと新しい仕事がさらに増えたことになる。ただでさえバレーボールの経験が少ない中でのこと。何度も音を上げそうになったと回顧する。

「何をしたらいいかわからないとか、これができない、あれができない、というレベルにも達していない。大げさじゃなく、毎日練習のたびに泣きそうだったし、実際ちょっと泣いていたかもしれないです。せっかくのチャンスだから、頑張ろうとは思っていたけれど、楽しい、と感じられるまではなかなかたどり着けなかったです」

ブラジル戦でアウトサイドヒッターとしての日本代表スタメンデビューを飾るも、記憶に残るのは、サーブで崩され、ブロックに止められたことばかり。挑戦はわずか1年で途絶えた。

再びミドルブロッカーとしてポジションを争い始めた小野寺は、主要国際大会への出場を重ねる中で現在まで活かされる武器を得る。

きっかけは、ブランからの問いかけだった。

2019年の日本代表シーズンがスタートして間もない時期の欧州遠征。その日の試合を見返そうと何げなく映像を目にしていた小野寺のもとにブランがやってきた。

「タイシ、お前は映像を見る時にどこを見ているんだ？　ちゃんと見ているのか？」

一瞬、ムカッとした。〝ちゃんと〟って何だよ、と。

反論の余地を与えず、ブランは畳みかける。

「見るのは自分じゃない。相手のセッターやブロッカーだぞ」

目からうろこ、とはまさにこの時の小野寺の心境だ。共に映像を見ながら、この状況ならレフト、これはライト、とブランが一つひとつ答え合わせをしてくれる。ミドルブロッカーにとって最も重要な試合の見方を学び、世界が一変した。

「トスが上がったところに跳べばいいと思っていたから、シンプルなデータを入れるぐらいで何も考えていなかったんです。でも、映像を見ればセッターの特徴やスパイカーの目線、身体の向き。いろいろな情報があって、それを合わせて考えればこうなる、という答えがある。それがすごく面白くて、こういう見方をするからみんなブロックができるのか、と気づいたんです。しかも実際の試合でやってみたら、面白いぐらいにハマった。ブロックの楽しさを知って、プレーも考え方も一気に変わりました」

山内と小野寺がミドルブロッカーの面白さを見出していく中で、最後まで浮上のきっかけをつかめずにいたのが髙橋だった。

抜群の身体能力を誇る反面、ケガも多い。李には藤井との鉄壁高速コンビという武器があり、自分と同じ高さを持つ山内と小野寺は飛躍の機を得てスパイク、ブロックで存在感を増していく。だが、自分は、良い時は問題ないが、一度悪い流れになるとどこまでも沈んでしまう。試合で相手の挑発に乗って調子を崩されることは一度や二度ではなく、ミスを恐れて消極的なプレーが続くと、負の連鎖に陥り、交代を告げられる。悶々としながら苛立ちと悔しさを噛みしめる姿を何度も見た。

高校時代までの髙橋ならば、とっくに「もう辞めた」と投げ出していたかもしれない。それでも踏ん張れたのは「東京五輪」があったからだった。

「高校3年の時に東京オリンピックの開催が決まった。周りからはずっと〝オリンピック〟と言われ続けてきたし、大げさじゃなく、自分の目標はそこだけ。オリンピックに出ることが、僕にとってはすべてだと思って生きてきました」

自国開催の五輪は男子バレー日本代表チームとして出場権があるだけで、12人に誰が選ばれるか、長い時間をかけたサバイバルレースが繰り広げられてきた。それぞれの長所とチームに必要な要素。そのすべてを掛け合わせて熟考された結果、最終的に選出されたミドルブロッカーは山内、小野寺、李の3人だった。

「全部、終わった」

山内は、部屋に籠る髙橋にどう声をかけるか悩んだ。その日がいいのか、翌日にしようか。そのタイミングを髙橋と同部屋だった関田と一緒に考えた。ヘタに声をかけても拒絶するのではないか。そもそも自分も選ばれるまで不安で落ち着かなかったし、ここまで一緒にやってきたのに「お疲れ」と言われて救われるはずがないことなど、考えなくてもわかっていた。

「結局、その日はそっとしておこうとなって、次の日にちょっと部屋で飲んだんです。超悔しい、もうバレーボールを辞める、って言っている健太郎を前にしたら、健太郎の分も頑張らなきゃ、って本気で思いました。同じポジションだからライバルではあるけれど、太志も含めてお互いここまでヘタクソなところから一緒にやってきた、リスペクトできる存在でもある。今みたいにぎゅっと、こういう関係性になれたのは、健太郎が（東京五輪の選考で）落ちたことがきっかけだったかもしれないです」

一度はバレーボールを辞める、と本気で考えた。髙橋の本気は二人にも伝わっていた。だが、家族や、チームメイト。何より「このまま終わっていいのか」と自問自答した時、髙橋は踏みとどまることができた。

「このまま終わったら、本当に負けて終わりだ、と思ったんです。ここで逃げたら、次の人生でも負けるかもしれない。そう考えると怖かった。妻に『本当にこのまま辞めていいの？　後悔しない？』とビシっと言われたことも、本当にその通りだな、と思えたし、バレーから離れようとしたけれど結局離れられなかった。やると決めたからには、もっと真剣に本気でやろう、武器をつくりたい、って。気持ちが入れ替わりました」

身体能力や大胆さ。髙橋が備える長所はいくつもあるが、それを使いこなすために何が必要か。答えは〝頭脳〟だ。

パフォーマンスもプレーも豪快そのものだが、意外にも髙橋はアナリストやコーチから提供されるデータだけでなく、試合の映像をひたすら見るタイプだ。日本代表に選出されたばかりの頃は、もちろんそこまで徹底していない。だが東京五輪の落選を機に、研究を極め始めた。自分の動きや相手のブロック、セッター、一つひとつを徹底的に解析する。同じ相手と土日で対戦するVリーグのシーズン中は、土日の試合を終えてから翌週の試合までの間に、少なくとも10試合は見て頭に叩き込み、練習でイメージしながら身体にも沁み込ませる。家族との生活にも重きを置いているが、「頭の中からバレーボールが離れることは片時もない」と言うのも決して大げさではなく、自分でも嫌になるほど考える。その成果はプレーで、主にブロックでいかんなく発揮された。

「こうやってプレッシャーをかけると、セッターはこっちにトスを上げる、とわかった状態で動くと、本当に狙い通りになる。バレーボールの駆け引きって、チェスみたいなんですよ。個々の技だけじゃなく、たとえばトスを上げる場所にしても、自分が上げたいところや、簡単に決まりそうな選手にポンポン上げるんじゃなく、どのタイミングでどこに上げるか。何でそうしたいのか。そこまで深読みすると、ブロックも考えないとできないし、いかに自分のところに打たせるか。成功体験も重なれば自信も増える。ほんと、バレーって頭使うけど、それが楽しいです」

ライバルを超えた関係

素人でヘタクソ。それでも諦めず、のし上がった3人の絆が実を結んだのは2023年だった。

「ブロック、全部止めに行こうとしなくていいよ。今、全部行こうとしすぎて使われているから。もっと割り切って行こう」

髙橋が分析をもとに声をかける先には、山内と小野寺がいる。コートの中にいると相手や展開ばかりに気を取られ、忘れがちなところを指摘してくれる声がいつも心強い。それぞれが、さまざまな経験を重ねて得た武器や自信を、一人の選手として発揮し合うだけでなく、チームのために3人で共有する。五輪予選は、3人にとってこれまでの中で最も〝チーム〟として戦った大会だった。

事前の合宿から、髙橋は膝痛に加え足首の捻挫を抱え、山内も肩痛が生じ、手負いの状態で本番を迎えていた。「自分だけはしっかりしていないといけない」とこれまで以上に気負っていた小野寺を軸に、1、2戦目は山内が、3戦目からは髙橋が先発出場。ただチームの勝利だけを目指し、ミドルブロッカー3人で互いを支え合ってきた。

山内に代わった髙橋もトルコ、セルビアといった強豪相手にブロック、スパイクと存在感をいかんなく発揮したが、足首はジャンプできない状態まで悪化していた。

ストレート勝ちが五輪出場の条件だった6戦目のスロベニア戦、着地時に体勢を崩す髙橋にブランが状態を尋ねる。

「ダメだ」

第2セットの8対10、スロベニアが先行した場面で髙橋に代わって山内がコートへ。

「ごめん、山内さん。頼む」

「任せろ」

短く言葉を交わし、ベンチに下がると、髙橋の目から涙が溢れた。

「ここで負けたら最悪だけど、でもこの状態で出ても足を引っ張るだけ。『何でこんな時に』って思うと、とにかく悔しかったです」

悔し涙を拭い、これまでと同じように相手のブロックやセッターの特徴を伝え、プレー中も大声を張り上げる高橋の姿に、「もらい泣きしかけた」と言うのが小野寺だ。コート内ではクールで、得点後に皆が走り回るような時も、笑顔でコートの中央で手を叩くに留まる。それがよく見る小野寺の姿なのだが、悔しさを露わにする仲間の涙に、胸を熱くした。

「健太郎の涙を見たら、何も言葉が出てこなくて。ナイスプレー、みたいなことしか言えなかったですけど、泣いている健太郎を見て頑張らないと、って。僕やヤマが獲った点は少ないかもしれないけど、間違いなく3人でつないできた今シーズンだった。絶対、勝つから。絶対、俺たちがやるから、って。ただ、その気持ちだけでした」

山内も同じだ。

「すごく悔しいのに、健太郎が『山内さんだから任せられた』って言ってくれたんです。僕も健太郎に代わった時は同じように『健太郎ごめん、任せた』って思っていた。もちろんみんな自分が出たいのは出たいですけど、でも健太郎と太志に対しては、そこを超えている。誰が出ても任せられるし、信じて送り出せる。ただの〝ライバル〟ではない、特別な存在、なのかもしれないです」

日本代表では〝特別な存在〟として支え合う3人だが、異なるチームに所属するVリーグでは、毎回「対戦するのが一番楽しい相手」と口を揃える。お互いの嫌なこと、得意なことがわかっているからこそ、止めれば楽しいし、決められたら悔しい。そのやり取りで自分がうまくなっていることが実感できるのも最高だ。パリ五輪の出場権をつかんだ今、新たなポジション争いもスタートしている。

3人でつないだシーズンを回顧しながら、小野寺が見据えるのは、またここから3人でつなぐ未来だ。

「オリンピックが決まったから、決める試合に僕らが出ていたからといって僕らが絶対に選ばれるわけじゃない。でも僕も、ヤマも、健太郎もここまで代表に入ってやってきた自負もあるし、そこに見合う実力もつけてきたと思っているので。いろんな選手がいて、みんな目の色を変えてくるだろうけれど、やっぱり僕が気になるのはヤマと健太郎で、二人を意識することで僕のレベルも上がる。最終的には〝3人で挑む世界だ〟と、（他を）寄せ付けない存在になりたいですよね」

ショートサーブで互いを狙う。レシーブの返球がずれたり、ハイセットになったトスを見ながら、それぞれがニヤリと笑う。

「絶対、俺のほうがうまいな」

「アイツには、言われたくないわ」

元・素人集団。パリで彼らは、どんな姿を見せるだろうか。

第5章

西田有志

ヤンチャ坊主が〝脱皮〟した日

にしだ・ゆうじ/オポジット。2000年1月30日生まれ。三重県出身。海星高卒業後、2017年ジェイテクトSTINGS加入。2021年東京五輪代表。イタリアでのプレーを経て、2023年パナソニックパンサーズ移籍。187cm、89kg

パリ五輪予選5日目　2023年10月6日　vs セルビア

勝負の3連戦と位置付けた、その初戦。「負けられない」のは、日本だけでなくセルビアも同様だった。

第1セット、序盤から連続得点を奪うも、セルビアも負けじとすぐに取り返す。9対8、日本が1点をリードした場面で、大きく流れを引き寄せたのは西田有志のサービスエースだった。高いトスからしなやかに、エンドラインぎりぎりにノータッチで落とす。日本に10点目が加わると、両手を広げ、「勝つぞ」と声を張り上げた。

2018年、18歳で日本代表に選出されてから、早いもので5年が過ぎた。数えきれないほどの見せ場をつくってきたが、西田の代名詞と言えば、やはりサーブだろう。ここでブレイクが取れたらと願うシーンで確実に相手を崩し、その1本で会場中を盛り上げてきた。勝利後のコートで行われるフラッシュインタビューやミックスゾーンでは、西田は常に笑顔だった。サービス精神旺盛なコメントで記者から重宝される存在でもあった。

ただ、今回のパリ五輪予選は、違った。マイクを向けられても、記者にレコーダーを向けられても、コートで見せていた熱さも荒々しさも笑顔の欠片も見せない。問いかけに対し、淡々と、次に向けて「やるしかない」と短く語るのみ。それどころか、わざとかと思うほど、笑わない。なぜ、西田から笑顔が消えたのか。

「自分にムカついていたんです。もっとできるやろ、と思っていたし、何より僕は勝つことだけを求めていました。嬉しいという感情より、もっともっと、まだまだ、というほうが強くて。意図的に笑わないわけじゃなかったけど……笑う余裕、なかったですね」

それでもただ一つ、自然に笑みがこぼれるシーンがあった。セルビアに2セットを連取して迎えた第3セット。18対19、日本が1点を追いかける場面だ。

サーバーは、大会を通して好調だった髙橋藍。前衛には小野寺太志、石川祐希、関田誠大。ここを好機と捉え、日本ベンチはセッター関田に代えて宮浦健人を投入した。

髙橋のサーブがセルビアの守備を崩し、攻撃が限定された状況でトスがレフトへ上がった。宮浦、小野寺が揃ってブロックに跳び、放たれた打球は宮浦の右手に当たった。相手からすれば、ブロックの間を抜くのも、空いたコースに叩きつけるのも難しいと判断し、サイド側の宮浦の手に当て、ブロックアウトを狙った一打だった。

そのまま飛ばされてもおかしくないボールに、後ろでレシーブに入っていた西田がいち早く反応し、懸命に食らいついた。お世辞にも美しいとは言えない体勢で、必死につないだボールはネットの近くにいた石川のもとへ。アンダーハンドでトスにして、再び宮浦へ。西田がレシーブした時点で攻撃準備に入っていた宮浦が、高い打点からクロスに叩きつけ、19点目をもぎ取った。

その瞬間、コートだけでなくベンチの選手、スタッフ全員が立ち上がり、そのままコートへなだれ込むように跳び上がった。点取り屋である自分が記録した1点ではない。ましてや、同じポジションを争う宮浦が決めた一打だ。どうして、顔が綻ぶのか。

「俺のところに飛んで来い。上げたるからって思っていたら、本当に来た。バレーボールって、流れのスポーツだから。自分が（得点を）獲った、獲れない、じゃなくて、ああいう1点が大きな1点。俺が上げれば絶対勝てるって思えたのは、この大会が初めてだったかもしれないです。短い腕、必死で伸ばして拾いましたから」

まだまだ、もっと、と理想を追い続け、だからこそ時に躓くこともあった。もう起き上がれないのではないかと思うほど、うずくまった日は数えきれない。

「やれるのにやらないのは嫌。僕はそういう強い気持ちでバレーボールをやってきているし、それを絶対に忘れちゃダメ。人それぞれプレースタイルがあるけれど、自分のやり方はこれ。とにかくやることをやるだけです」

苦しみ、もがいて、ようやくたどり着いた。自身初の五輪予選で、西田はすべてを爆発させた。

History of YUJI NISHIDA

年明け間もない2018年1月、ドイツ・ビュール。

フランクフルトやベルリンのように聞き慣れたわけではない土地を初めて訪れるきっかけになったのは、柳田将洋の取材だった。柳田は、そのシーズンからビュールをホームとするクラブに移籍していた。

ドイツ・ブンデスリーガは、欧州の中でもトップクラスとされるチームが属するリーグである。しかし、ビュールの体育館はお世辞にも恵まれた環境とは言い難い。Vリーグのチームが使用する体育館やクラブハウスよりも小さな場所で、熱心にパソコンをのぞき込みながら「ドイツへようこそ」と笑顔で右手を差し出してくれたのが、チームを指揮していたルーベン・ウォロズィン監督だった。

挨拶も早々に「マサ（柳田）はプレーも人間性も素晴らしい選手だ」と何度も称賛し、こちらが質問を投げかける前に、今度は目の前のパソコンを指差しながら、ある動画を見せてきた。日本のVリーグの試合だった。

中学英語もやっとの自分が聞き取れるだろうか。懸命に耳を傾けると、ゆっくりと発音する言葉の中に「エイティーンイヤーズオールド」「ヤーテック」と聞こえる。

18歳のヤーテック、という選手がいるのか？　いや、誰だ……必死で頭を働かせるも、なかなか手持ちの情報と一致しない。ならばこれを見てみろ、と笑顔で別の動画をこちらへ向けられる。その画面の中で躍動していたのが当時18歳で、ジェイテクトに入団したばかりの西田有志だった。

確かにドイツ語の「JA」は日本人には「ヤー」と聞こえる。「テック」に聞こえた

「テクト」と併せれば「ジェイテクト」。なるほど、「ジェイテクトの18歳」と必死に伝えていたのは西田のことだったのか。そう納得する横で、ウォロズィンは西田を称賛し続ける。

「彼は素晴らしい。今すぐにでもウチに欲しい選手だし、きっと日本だけでなく海外でもメジャーになるはずだよ」

その言葉は、すぐに現実となった。

高校3年生だった2017年11月に三重県の海星高校から高卒内定選手としてジェイテクトへ加入した西田は、すぐにバレー界へ衝撃を与えた。

翌年1月には途中出場ながら、Vリーグの最年少出場記録を更新。左腕から放たれる豪快なサーブやスパイクはすでに群を抜いていた。さまざまなチームの選手や監督に会うたびに「西田、見た？」と言われ、時の人になっていた。

西田を初めて見たのは、内定選手として出場を重ねていた18年3月。すでに2カ月ほどの経験を積んでいたとあって、臆することなく「これが俺の武器だ」とアピールするプレースタイルに、思わず記者席でおののいた。

さらに驚かされたのは、まだ18歳にもかかわらず、マイクやカメラが向けられても動じる様子が一切なかったことだ。むしろ、台本があるのかのような受け答えで、新聞や雑誌ならば見出しに、テレビならばテロップに使える気の利いた言葉を効果的に盛り込んでいた。最後はガハハ、と笑い飛ばすような豪快さも併せ持つのだから、そりゃあメディアに引っ張りだこになるな、と納得だった。

ただ、気になったのはサイズだ。

西田が担うオポジットというポジションは、世界を見渡すと身長2メートル超えの猛者が揃う。その中で186センチの西田は圧倒的に小さかった。さらに、上半身に比べて脚が細く、「この勢いで跳び続けて壊れないだろうか」と懸念もあった。

しかし、杞憂とあざ笑うかのごとく、瞬く間に西田はステージを駆け上がっていく。Vリーグでの活躍もさることながら、同じ2018年には日本代表登録選手に選出。ネーションズリーグ、イタリアとブルガリアで開催された世界選手権にも出場した。1次リーグで敗れたものの、五輪に続く規模の国際大会である世界選手権でも西田は圧巻のパフォーマンスを披露。6本のサーブポイントを含むチーム最多の20得点を記録したベルギー戦では、記者席で隣に座ったスロベニア人記者も驚いていた。

「彼は本当に18歳なのか?」

怖いものなしの若人は、一気に日本を飛び越えてしまった。

負けず嫌いの原点

西田のルーツをたどると、その根底にあるのが「ハングリー精神」だということを思い知らされる。バスケットボールの選手だった両親と、８歳上の姉、６歳上の兄の三人兄弟。兄の圭吾さんが「（歳の差なんて）お構いなしでケンカした」と回想するように、家族の中での力関係は圧倒的に弱い。兄弟げんかのたびに泣くのは決まって弟の有志だった。「かわいそうに」となだめられることはなく、それどころか母の美保さんからは「泣くな！」「強くなれ！」と叱責される毎日だった。獅子が我が子を千尋（せんじん）の谷に落とすかのように、産まれながらに強く、逞しく育てられる環境が西田家にはあった。

バレーボールには姉と兄の影響で物心ついた頃から触れていた。小学生時代には全国大会にも出場。とはいえ、強豪チームにいたかと言えばそうではなく、無邪気に楽しむ程度。西田も決して傑出した存在ではなかったという。中学でも「バレー経験者の指導者がいなかったので、小学校からやっていた自分が（周りに）教えることもあった」という状況だった。

両親譲りの身体能力を持ち合わせたことは後に成長に大きく寄与するが、最大の原動力は自他共に認める「負けず嫌い」のメンタリティーだ。友だちと遊ぶ時でも、学校行事でも、どんな状況でも負けるのは絶対に嫌。それは、歳の離れた姉兄との関係で染みついたものかもしれない。

３人揃った食卓は常に戦いだった。特に夏休みとなれば、いたるところで修羅場を迎える。圭吾さんが「今でも忘れられない」と語るのは、西田家の〝母の味〟である

第5章　西田有志

「きしめんカルボナーラ」だ。

　夏になると父・徳美さんのもとへ、お中元に毎年きしめんがどっさり届く。フルタイムで仕事をしていた母・美保さんからすれば、薬味を切って茹でれば食べられるきしめんはありがたい一品だ。しかし、育ち盛りの子どもたちにとっては、きしめんと薬味だけでは栄養も偏り、何より飽きてしまう。膨大な量のきしめんを消費すべく、特製カルボナーラ風ソースであえた「きしめんカルボナーラ」を生み出したのだが、これが子どもたちにはウケた。美保さんは「適当につくった」というが、兄曰く「味はめちゃくちゃうまかった」。きしめんの消費期限が迫ると、食卓には文字通り、山盛りのきしめんカルボナーラがドーンと置かれる。食べ物を残すのは、つくってくれた人や野菜や肉、卵を育ててくれた人への礼儀に反するから西田家ではご法度。圭吾さんが「食べているうちにきしめんが汁を吸って膨らむから、どれだけ食べても減らない」と思い出し笑いするほど規格外の量は、育ち盛りの胃袋を膨らませるには十分な一品だった。

　いくら何でも兄と同じ量は食べられないだろう。美保さんは、末っ子のお皿だけ少し少なめに盛るのだが、それを見逃さなかったのが兄だ。両親が目を離した隙に自分の皿から弟の皿へ、きしめんを盛る。弱虫の弟だったら、「お母さん、お兄ちゃんが！」と泣いて甘えるだろうが、西田家にそんな文句は通用しない。黙って、超大盛りのきしめんカルボナーラをたいらげるのも、兄への反抗心と対抗心からだった。

日常生活でこれだけ張り合うのだから、バレーボールになればなおさらだ。相手に強打のエースがいれば、自分も負けじと「俺が全部打つ！」とトスを要求し続けた。

中学時代は全国大会の出場こそ叶わなかったが、毎年12月に行われる各都道府県の選抜選手によるJOC杯に三重選抜として出場。西田は愛知や近隣の東海圏の強豪校からも誘いを受ける選手へと成長した。

プロ野球選手を志す子どもたちが「甲子園」を目指すように、バレーボール選手を夢見るこどもたちは「春高バレー」に憧れる。西田も当然、春高を意識したが、進学先に選んだのは強豪校ではない地元の海星高校だった。その理由が実に西田らしい。

「強いチームの中にいる一人として春高を目指すのではなく、強い相手を倒して、自分の力で春高に出場してやる」

ギラギラとした闘志に満ち溢れた高校生活が始まった。

とはいえ、全国大会への道は本当に険しかった。インターハイには出場できたものの、突出したエースが一人いるだけでは総合力が問われる春高にはなかなか届かない。唯一、あと一歩まで迫ったのが高2の三重県大会決勝だった。

強豪の松阪工業を相手に劣勢からセットカウント2対2まで追いつき、勝負の第5セット。あと15点を取り切れば念願の春高初出場が決まる試合、最も大事な最終セットで西田の片足に異変が起きる。

それまでずっと感じていた違和感は一気に全身へと広がり、気づけば、両脚だけでなく身体中が攣り、ジャンプをするどころか立っていることすらできなくなった。エースを欠いた海星はフルセットの末に敗戦。試合を終えても立つことすらできず、うつ伏せになってマッサージを受ける西田は、涙を流しながら顔の下で拳を握り締めた。

お前のせいじゃない。来年もある。仲間や監督、先輩が西田を慰めようと声をかける中、労わるどころか叱りつけたのが母だった。「ひどい母親や」と、美保さんは笑いながら思い出す。

「お前のせいで負けたんやぞ、と。どれだけ泣いたって、負けは負け。取り返しはつかないんです。仮にもエースとしてやるなら、お前が全部背負う覚悟でやらんか、と思っていたから、そのまま有志にも言った。他の親御さんからは『そこまで言わなくても』と言われることもありますけど、スポーツの世界で生きるって、簡単じゃないですから。よく頑張ったね、なんて言わないですよ。私はいつも、何やっとんじゃ！って（笑）。ちっちゃい頃からずーっと、そう言い続けられたら、強くならざるを得ないですよね」

惜しくも春高には届かなかったが、実力を評価された西田は、２０１７年春、U19日本代表としてアジアユース選手権に出場した。チームの大黒柱を担っていたのが、1歳上で、同じ左利きの宮浦健人だった。

全国大会の経験がほとんどない西田に対し、宮浦は高校バレーの名門・鎮西高校のエースとして1年次から試合出場を重ね、春高準優勝も経験するバレーエリート。U

19日本代表でもキャプテンとしてチームを牽引していた。その存在感は当時の西田にはとても大きく、嫌というほど自分が二番手である現実を突き付けられていた。

「このままじゃ勝てない」

火がついた負けず嫌いの少年は翌年、さらに強い選手になるために、大学へ進学せず、兄が勤めるジェイテクトに入りVリーグで戦うことを選んだ。

宮浦を始めとする多くの選手が大学進学を選択していく中で、西田はあえて厳しいプロの世界に殴り込みをかけ、Vリーグで日本代表レベルの選手や世界の猛者と渡り合った。何者でもなかった高校生が、わずか3カ月後に日本代表に選出されるのだから、この未来を想像できるのはよほどの脚本家か夢想家だけだろう。

西田の名をさらに知らしめたのが、2019年日本開催のワールドカップだった。次々と世界の壁を打ち破った豪快な若きサウスポーのもはや語り草にもなっている活躍が、カナダとの最終戦のラストシーン。セットカウント2対2で迎えた第5セット、9対9でリリーフサーバーとして投入された西田の「サーブショー」が開演した。

名刺代わりとばかりにまず1本、強烈なサーブでエースを奪うと、そこから立て続けに5本のサービスエースを含む驚異の6連続得点を奪った。この試合は出場機会が少なかったメンバー中心で臨んでおり、本来ならば前年に選手生命を脅かす大ケガを負っていた清水邦広が主役となるべき試合だったが、一気にその座をかっさらった恰好になった。

強烈なサーブを立て続けに見舞われたカナダの選手はもちろん、同じコートやベンチで見る日本の選手たちも口々に「凄すぎるだろ」と、驚きを通り越して笑うしかなかった。大会を締めくくった新星は、この大会を機に日本代表に欠かせない絶対的なオポジットとして認知されていく。

順調に成長した西田は、東京五輪のメンバーに選出。その後は、また新たなステージへ立つべく、イタリア・セリエAのビーボ・バレンティアと契約を結んだ。

２０２１年９月、単身で海を渡った。世界最高峰の舞台で西田はどんな驚きを与えてくれるだろう。送り出す側だけでなく、自身も胸を躍らせていた。しかし、その船出は予期せぬ荒波にもまれる日々の始まりでもあった。

苦悩のはじまり

東京五輪では課題ばかりが溢れた。予選リーグ最終戦でイランとの直接対決を制し、29年ぶりのベスト8進出を果たしたものの、決勝トーナメントではブラジルに完敗を喫している。現状に決して満足していたわけではない。

「展開を見れば、日本が先行した時間帯もあるし、リードした状況もある。俺たちも戦える、と思えた瞬間もあるんです。でも、ここ、というポイントをブラジルは絶対に逃さなかった。ラリーが続いて、最後に決めた。結果だけだとそう映るけど、この

1点は何が何でも取る、という気迫がものすごかった。世界のトップ、メダル争いをするってこういうことなんだ、もっともっと強くならないと通用しない、と嫌っていうほど思い知らされました」

日本でも成長できないわけではない。ただ、今以上の存在になれるかと言えば、疑問符がついた。振り返れば高校からジェイテクトへ入団した時も、大学へ行って学びながら身体をつくり技術を高める時間を過ごしても、1学年上の宮浦は越えられないと思った。その焦燥感が、周囲とは異なる道へ踏み出す力になった。だからこそ、次のステージを見据え、もっと先へ、もっと強い自分になるために求めた場所が世界最高峰のイタリアだった。

実は、海外志向はもともとあったと明かす。

「初めて日本代表に選ばれて、ネーションズリーグを戦った時からずっと海外でやってみたい、と思っていました。でもどうやったら行けるかと考える中、東京オリンピックが終わるタイミングが節目だと思ったのでトライしたい、と。世界に対して自分の技、フィジカルの変化を確かめたい。正直、オリンピックの前までは自分の見たことがない景色がありすぎて、多くのことを自分の目、身体で体験するために『とりあえず（海外に）行ってみたい』という気持ちでした。でもオリンピックを終えて、今はこの1年でここまで挑戦したい、この選手と戦いたい、というのが明確で、1年1年、その戦いを連続していければレベルアップすると思えた。より一層その気持ちが強くなったんです」

出発前の記者会見では「この身長でもイタリアで活躍したという記録、記憶を残したい」「記憶に残るプレー、記憶に残る試合をして、希望を与えられるような選手になりたい」と意気込みを語った。

繰り返すが、世界を見渡せば180センチ台のオポジットは少数。ましてやイタリアにはプレーが多少粗くても高さを優先するクラブもあるほど。しかし、高さに対して速さや小手先のテクニックで挑むのではなく、力には力で。どれほど高さや厚みのあるブロックだろうと、パワーで吹っ飛ばす。西田には、日本代表で得てきた少なからぬ自信があった。

ビーボ・バレンティアはイタリア・カラブリア州南西部にある小さな町をホームタウンとするクラブだった。西田曰く、「自分以外の日本人がいないんじゃないかと思うぐらい、日本語を話す機会がなかった」と、いきなりホームシックになりかけたほどの環境だった。パリ五輪まであと3年――遠い異国の地で、バレーボール選手として新たな挑戦がスタートした。

Vリーグはシーズンが開幕すれば土日が連戦で、月曜がオフ。火、水曜が練習で、木曜には次の試合に備えて移動するというサイクルだった。ボール練習やウエイトトレーニングも、相手の対策やコンディショニングがメインで、シーズン中に鍛えるという意識はそれほど高くない。

イタリアはどうか。カップ戦やヨーロッパチャンピオンズリーグなど、リーグ戦と異なる大会が入れば日程も変わるが通常、試合が行われるのは土曜か日曜の1日のみ。たいていの場合は翌日が休みで、次の試合までの3日ないし4日は、ボール練習とウエイトトレーニングが組み込まれる。そのため、シーズン中も重い負荷をかけて身体に刺激を加えることができる。裏を返せば、それだけタフな身体を作らなければ、力と力がぶつかり合う世界で戦いきることができないということだ。

身体づくりに対する意識はもともと高く、ウエイトトレーニングに時間を多く割けるのは望むところではあった。しかし、筋量が増し、パワーがつけばつくほど、無意識に「力勝負」へと偏っていった。

不慣れな環境への適応にも苦しんだ。コミュニケーションもなかなか思うように取れない。それでもチームメイトに「失敗を恐れずがんがん話しかけた」ことで英語やイタリア語は少し身についた。しかし、コロナ禍で突如試合が中止になることがあるだけでなく、リーグ中にケガをして出場できない時期も続いた。求めた成果がすべて得られたかと聞かれれば、胸を張ってイエスとは言えぬまま、シーズンが閉幕。所属するビーボ・バレンティアも12位で2部への降格が決まり、2022年3月、西田は志半ばで帰国した。

結果は残せなかった。でも、1年間、できることはやりきった。そう思っていた。だが、イタリアでの「力勝負」の代償は思った以上に大きかった。

イタリアから帰国してすぐ、再び日本代表のシーズンが始まった。「少し大きくなった」という身体は、静岡で行われた日本代表合宿で久々に目の当たりにすると、少しどころかだいぶ大きくなっていた。

「めっちゃ、吹っ飛ばせているでしょ」

ブロックをつけたスパイク練習を終えると、嬉しそうに言った。ウエイトトレーニングの成果でだいぶ太くなったという腕周りをアピールしながら、イタリアでの経験を日本代表でも活かしたい、と意気揚々に語っていた。

しかし、西田は人知れず違和感を抱き始めていた。

「サーブがネットにかかることが増えたんですよね。トスも、打つポイントもずれていないんですけど、うまくいかない。そのうち、また戻ると思うんですけど……」

小さくても世界と戦える。そのプライドの象徴が、豪快に相手のブロックを吹っ飛ばすスパイクであり、サーブだった。２０１９年ワールドカップで残した鮮烈な記憶が物語るように、スピードだけでなく重さもあるサーブは、一度走ると止まらない。跳躍力が活かされたスパイクも同様で、イタリアでも面白いようにブロックに当てて吹っ飛ばし、狙い通りに打ち続けてきた。

だが、力と力にこだわるあまり、本来のしなやかさが失われていた。サーブが「ネットにかかる」のは余分な力みが原因だった。

もう一つ、気づかぬうちに身体の異変も生じていた。

「サーブがうまくいかない」と話した静岡での代表合宿から3カ月。ネーションズリーグや紅白戦など、コロナ禍で日常生活の制限もある中、次々とスケジュールをこなしていた。日本代表選手である以上、試合で結果を残すための強化や普及につながるファンサービスは不可欠なことと理解しながらも、取材時の雑談に少し弱音が目立つようになっていた。しかも、サーブが、スパイクが、ではなく、引っかかっていたのはもっと根本のこと。

「このまま行くとヤバいです。とにかく疲れが抜けなくて、気持ちがリフレッシュできない。試合続きでずっと気を張っていたので、ちょっとでいいからバレーと離れる時間が欲しいです」

二人が家族になった今だからこそ明かせる話だが、実は当時からすでに西田は同じ日本代表のバレーボール選手・古賀紗理那と交際していた。共に国際試合や合宿が多く、二人で過ごせる時間は片手の指で優に足りるほどの時間しかない。だから、そこに対する不満を漏らしているのだろう、程度にしか考えていなかった。

端々で発していた「疲れがとれない」という言葉の重大さを突き付けられたのは、それからだ。

8月からの世界選手権を終え、ジェイテクトに復帰した2022-23シーズン。開幕を2週間前に控えていた頃だった。気のせいか、少し身体がだるい。連日、体温を報告しなければならないこともあり、計ると37・6℃。微熱があったため、まず疑ったのは新型コロナウイルスの感染。慌てて抗原検査とPCR検査を実施したが、どちらも結果は陰性だった。「少なくともコロナではなかった」という安心も加わり、体調が上向きになったため、練習試合がある東京へ遅れて合流した。

しかし、練習に参加しても明らかに身体のキレが悪い。それどころかボールを目で追うこともできず、身体も追いつかない。微熱とはいえ病み上がりだから仕方ないか、と気のせいで片づけようとしたが、ホテルのベッドで寝ると、汗が止まらなくなった。寝具も寝間着も汗で濡れていたことで、今度は身体が一気に冷えた。持っていた防寒具をどれだけ着込んでも震えが止まらず、真夜中であったにもかかわらず、暖を取ろうとシャワーを浴びた。

ようやく温まったのは30分以上過ぎてから。それ以降も悪寒は収まらず、翌日になると両目が真っ赤に充血しており、体温を計ると39℃を超えていた。

さすがに一人で抱えるには限界がある。医師に報告し、精密検査をすると正常値を遥かに逸脱した数字ばかりが並んだ。

「試合に出られる、出られないじゃなく、俺、病気なのか、って。数値を見たら、当てはまるのは難病ばっかりなんです。そこから一つずつ不安を消していこう、と徹底的に検査をしたけど、理由がわからない。正直に言えば、バレーボールどころじゃなかったです」

検査を繰り返す日々が続いたが、それでも試合はやってくる。欠場を続けるうち、あることないこと噂が飛び交ったが、この状況を公表していなかったことで何も反論ができなかった。

古賀とはすでに結婚の約束をしていた。だが、命に関わる病気だったら、結婚などできない。言い表すことのない不安に押しつぶされそうになりながら、時間をやり過ごした。

公式の場では沈黙を貫いていた西田が自らの体調について切り出したのは、年末の天皇杯でジェイテクトが2年ぶりに優勝した直後の記者会見だった。

優勝の喜びを語る前に、ここまで受けてきた検査や診断結果に関して、自らの言葉で包み隠さず語った。

「正直、そこまで公表しなくていいんじゃないか、と思う気持ちもありました。でも、イタリアからジェイテクトに復帰して、期待してくれた人たちからすれば、何で試合に出ないんだろうと思うのは当然だし、ケガなのか、何なんだ、と疑問を抱くのも当然。プロである以上、そこに応えるのも当たり前だと思ったんです。結局、原因はわからなくて、ジェイテクトで結果を残すこともできず、申し訳ないのは消えないですけど、あのシーズンは普通にバレーボールをすることは無理だったし、あれが自分の精いっぱいでした」

西田は話を聞くたびに楽しませてくれる選手だ。豪快なエピソードが飛び出たかと思えば、プレーを一つひとつ細かく分析する緻密さもある。ただ、同時にそこまで気にしなくていいのではないか、と思いたくなるほど繊細で、考えすぎる性格であることも垣間見える。西田の「陽」ではなく「陰」の部分が露呈したのが、２０２３年だった。

イタリアのクラブシーズンから日本代表シーズンを駆け抜けたオーバーワークや、原因不明の体調不良。少しずつバレーボールができる時間が増えてきたとはいえ、未だ満足いくトレーニングは積めていない。日本代表に選出され、再び日の丸をつけて戦う新シーズンが始動しても、コンディション調整の困難は明らかだった。

しなやかに打ってきた動作には力みが目立ち、好調時は難なく決めるスパイクがネットにかかる場面が増えた。その度に「ごめん、俺が悪い」と、セッター関田誠大に向けて手を上げる。どんなにスパイクを放っても会場が唸るほどの威力には欠けていた。

２０２３年6月に開幕したネーションズリーグの名古屋ラウンド、西田は初戦のスターティングメンバーに名を連ねた。しかし、イタリアから帰国したばかりの石川祐希や髙橋藍が高いパフォーマンスを残す一方で、思い通りのプレーができず首を傾げる姿が目立った。

自分の調子だけが上がらないと焦って調整を進めた結果、小さなズレはさらに大きくなった。戦いの場所をフランスに移した第2週のネーションズリーグでは、当たり前に打てていたスパイクを、どう打っていたかどうかもわからなくなった。宮浦と交代する機会も増えた。公式戦で30年ぶりに勝利したブラジル戦でもスタメン出場していたのは宮浦だった。

バレーボールは個人競技ではない。誰か一人の調子が上がらなければ、別の選手がカバーすることは往々にしてある。宮浦の立場からすれば、これまで西田がスタートで出場し続ける中、いつ自分に出番が来てもいいようにと黙々と準備を続けた成果を発揮しているだけだ。さらに言えば、西田と宮浦、二人のオポジットのどちらが出ても高いパフォーマンスを発揮し、勝利をもたらすことほど、日本代表にとって素晴らしいことはない。

だが、ポジション争いを繰り広げる選手たちにとっては、1試合、1本がアピールの場であり、常に課題をクリアできるかというテストを受けているような状態だ。自分が未知の「難問」に苦しむ前で、ライバルはスラスラ解答用紙を埋め、指揮官が納得する及第点を叩き出している。

誰ひとり確約されたポジションはなく、日々競争であることなどわかっていたはず。なのに、同じ土俵で戦うどころか、コンディションすら上がらない自分はまともに勝負することもできない。西田は指揮官フィリップ・ブランに直談判した。

「もう、俺はいいから外してくれ」

チームのためではない。自分の心を保つためだった。そんな西田の内心を見抜き、ブランはこう告げた。

「今はここがうまくいっていないだけだ。向上すれば問題ない」

至極真っ当な答えだが、正論だからこそ、西田により深く突き刺さった。

「わかっているよ。でも、できないんだよ！」

感情が爆発し、反論しながら泣いていた。まるで子どものようだと思いながらも、湧き上がる感情を抑えることはできなかった。

悩む西田とは対象的に、好調を維持した日本代表はネーションズリーグでファイナルラウンドへ進出し、3位決定戦でイタリアを下して初の銅メダルを獲得した。チームの快挙を笑顔で讃える一方で、自ら「外してくれ」と進言したのだから覚悟はできていた。何よりもう日本代表として戦うことに心が折れかけていた。

そんな西田をブランはずっと見守っていた。プレーは豪放磊落である一方、傷つきやすい西田の性格を熟知し、ネーションズリーグでも西田をスタートで起用することにこだわっていた。その理由を、コーチの伊藤健士が明かす。

「監督は西田の性格を知っているので、外してしまえば調子も上がらず、どんどん悪くなっていくのを気にしていました。西田とよく話して、いいところ、大事なところで出して、彼を引き上げようとしていた。正直に言えば、僕や（アナリストの）行武（広貴）は数字を見て『宮浦のほうがいい』と思ったこともあります。でも監督が『西田の調子を上げたい』と絶対に譲らなかった。そして宮浦が、たとえ西田がスタートでも、必ずやるべきことをやる選手だということもわかっていたから、西田を上げるために粘り強く使い続けたんです」

結果が出なくても、また次の試合もスタートからコートへ送る。必ず西田の力が必要になる。ブランはそう考えて、最後まで諦めなかった。

西田がようやく復調の兆しを見せたのは、8月のアジア選手権。ネーションズリーグのファイナルラウンドで痛めた腰の具合も回復し、「いい時の感覚を忘れていた」というサーブの調子を取り戻したことを機に、ジャンプの高さ、トスとのタイミングがまるでジグソーパズルのピースが埋まっていくようにフィットし始めた。ブランが言い続けた「ここが修正できれば」というポイントをようやくつかんだのが、イランとのアジア選手権決勝だった。

「終盤の勝負所でトスの高さ、タイミング、ヒットポイント……やっと自分の場所でサーブが打てたんです。あ、もう大丈夫だ、って。自分がやらなければいけないこと、自分のイメージがやっと嚙み合ったんです」

トレーニングで身体のコンディションを整えるように、メンタルも専門家の指導を仰ぎ、目を背けてきた自分の本心と向き合った。

「今までずっと、自分がうまく来すぎていたのをどこかで当たり前だと思うようになっていました。体調が悪い、ケガをした、でも治れば戻れる、と勘違いしていたんです。日本代表はそんな場所じゃないし、宮浦さんがすごいのはわかっていたはずなのに、自分がうまくいかないことを受け入れられなかった。そうだよな、俺はまだまだだよな、って、やっと自分で自分を受け入れたら、すーっと。もやもやしていた感情が晴れました」

アジア選手権を終え、自身のSNSに心情を吐露し、最後に西田はこう締めた。

「ただいま」

どん底まで落ちた時は、もう這い上がれないんじゃないかと思うぐらい、出口が見えなかった。西田はそう話していたが、同じ時期を振り返る伊藤の口調はまるで違う。

「誰にだってうまくいかない時期はあって、落ち込むこともある。でも西田の場合は、周りからするとそんなに落ち込まなくてもいいだろう、というぐらい落ちる。多少うまくいかないことがあったって、もっと流していいんですよ。だって、西田がいなければ日本代表がここまで強くなることはなかった。それは、間違いないわけですから」

取り戻した喜怒哀楽

2023年9月30日、いよいよ五輪予選が開幕した。フィンランド戦から好調ぶりを発揮した西田は、黒星を喫したエジプト戦でも強烈なサービスエースで気を吐き、多くの人が願う〝西田らしさ〟を取り戻していた。負けられないプレッシャーを背負うことになっても先行したのは不安より自信で、チュニジア戦、トルコ戦と躍動する。いいところを見せたい、などという意識はさらさらない。ただひたすらに、日本の勝利のため、パリ五輪出場のために、上がって来たトスを打つ。時に身を投げ打ってボールをつなぐ。特に自分の前でブロックに跳んだ選手が触ったボールは、意地でも落としたくない。

セルビア戦で宮浦がタッチした一球も、西田にとってはまさにその大事な1本だった。

「本当は自分で打って決めたら最高でしたけど、宮浦さんが前にいて、宮浦さんなら絶対に決めてくれるって信じていた。決まった瞬間、思いっきり声、出しました」

「やったー」なのか「よっしゃー」なのか、言葉の記憶はない。残るのはただひたすら、跳びはね、走り回った記憶だけだ。

「無我夢中でした。チームも2戦目でエジプトに負けて、追い込まれていた。ここまで来られるなんて思わない人も多かったかもしれないですけど、その前に僕自身が、もうバレーボールができないんじゃないか、と思う時間もありましたから。ここまで来るのはほんとに長くて、濃すぎて。でも、ちょっとは、それで強くなれたのかなって思うと必要な時だったと思うし、まぁね、負けていられないですから」

激動の五輪予選を終え、西田は新天地パナソニックパンサーズの本拠地・大阪にいた。そこで、いきなり嬉しい〝歓迎〟を受ける。新大阪駅から乗車したタクシーの運転手の出会いだった。最初は軽く相槌を打つ程度だったが、バレーボールの話になると知らん顔はできなかった。

「『こないだのバレーボール、感動しましたね』って言われたんです。一丁前に変装していたから（笑）、運転手は僕がバレーボール選手だって気づかず、普通に。なんか、それを聞いたら嬉しくなっちゃって、思わずマスクとメガネ外して、帽子もとって、自分で言いました。『僕、西田です』って。そうしたら運転手さん、めちゃくちゃ興奮してくれて、降りる時には『感動をありがとう、これからも応援しています』と手を差し出してくれたんです。苦しんだし、大変なこともあったけど、こういうことがあると、やっぱり最高だなと思うし、また頑張れる。僕、単純なんでね」

喜怒哀楽。すべての感情を隠さずぶつける。泣いたり、怒ったり、吼えたり。どこまでもまっすぐなのが、西田有志という男だ。

笑わなかった西田が、文字通り、笑顔を解禁したのが、五輪出場を決めたスロベニア戦の後だった。インタビュアーに背中を押され、大声で妻への愛を叫んだ。

大観衆の会場は大いに沸いたが、妻には叱られた。

「『あぁいうの、いいから』って。でも、そう言いながら、結構喜んでいたと思いますよ（笑）」

やはりこの男には、笑顔が似合う。

第6章 関田誠大

藤井直伸が気づかせてくれたこと

せきた・まさひろ/セッター。1993年11月20日生まれ、東京都出身。東洋高、中大卒業後パナソニックパンサーズ加入。2018年堺ブレイザーズ移籍。2021年東京五輪代表。ポーランドを経て、2022年ジェイテクトSTINGS加入。175cm、71kg

パリ五輪予選6日目　10月7日　vs スロベニア

1万539人。代々木第一体育館を埋め尽くす観衆の前で、セッター関田誠大が泣いた。しかも、2週間余りの短期決戦中に涙を見せたのはこれが二度目だった。6日前にはコートの隅で、自らへの責任と敗れた悔しさを噛み殺すように、ストレッチをしながら頭からかぶったタオルで涙を拭った。しかし、悔恨は歓喜へ――。

大会6日目。スロベニアにストレート勝ちを収めれば、日本のパリ五輪出場が決まる。第2戦でエジプトに敗れてから「負けられない」試合をなんとか勝ち続けてきたが、崖っぷちで戦うプレッシャーを一つ越えても、また次の高い壁が待つ。越えて、越えて、ようやく決戦の日を迎えた。

予想に反して、第1セットは1対6と劣勢からのスタートだった。流れを変えたのは、エースで主将の石川祐希だ。ショートサーブを小野寺太志がレシーブするも、返球が相手コートへダイレクトで返る。そこから絶好のチャンス、と打ち込んできたスロベニア代表ロク・モジッチのアタックをピシャリと1枚ブロックで止めた。会心のプレーで反撃の狼煙を上げると、髙橋健太郎、小野寺のミドルブロッカー陣のブロックも機能し、スロベニアを猛追した。

圧巻は、14対16と2点差まで迫ったところからの連続得点だった。

サーバーは関田。相手のウィークポイントを的確に攻めるサーブで攻撃を絞り、返って来たボールを石川へトス。２枚ブロックの横を抜いたスパイクはスロベニアのリベロですらレシーブできず15対16。続けてモジッチのスパイクを石川がまたも1枚ブロックで止めて16対16。さらに石川は２枚ブロックをかわして誰もいないインナーにスパイクを打ち込み、最後は関田のレシーブからつなげたラリーを軟打で決めて４連続得点。まさに「石川劇場」ともいうべき怒涛のラッシュによって、気づけば、18対16と日本が逆転に成功した。

石川の凄さが際立ったが、もちろん、これは関田の演出なくして成り立たないシーンでもある。

「正直、（大会の）最初のほうはどうしたらいいかな、どうしたらうまく決めてくれるかな、と考えていたんです。考えるのは僕の仕事の一部なので。でも、石川もどんどん調子を上げてきて、セルビア戦を終えたあたりから『行ける』と言っていたので、そこは信じて。あの場面も他（の攻撃）でもよかったんですけど、彼には決める力もあるし、やってくれる。彼が決めるとチームが乗るし、盛り上がる。信じて託しました」

逆転で第1セットを制した日本は、第２セットも連取。第３セットも接戦となったが、髙橋藍のサービスエースで抜け出し、終盤には関田のショートサーブでエースを獲った。石川のライトからのスパイクが決まり24対17。いよいよ、パリ五輪まであと1点。

仕留めにかかった石川のサーブはアウトになったが、スロベニアのサーブから始まるラリーを締めくくれば、日本の勝利が決まる。セッター関田は五輪を決める1点をどこに上げるのか――。

最後の1本は、スロベニアのサーブミス。関田のセレクトから生み出されるはずの1点は幻となってしまったが、勝利が決まった瞬間、会場全体が沸き上がり、日本のコートには歓喜の輪ができた。

関田の姿を探すと、いつもはクールな司令塔が右の拳を何度も、何度も突き上げ、ぐるっとコートを回っていた。

まだ熱の残るコートで、喜びを語る選手たちのインタビューが始まる。始めに主将の石川。次いで西田有志、髙橋藍と続いた後、少し間を置いて4番目に関田へマイクが向けられた。「めちゃくちゃ嬉しいです」と満面の笑みを浮かべた後、言葉が詰まった。

「……本当にしんどかったですし、藤井さんがいたかった場所に、自分もここに立って精いっぱい頑張ろうと思って戦った結果、みんなも一生懸命助けてくれたり引っ張ってくれて、支え合ってやっていけた結果が出た。本当によかったと思います」

自身の8番のユニフォームに重ねたもう1枚のユニフォーム。

3番　FUJII。

2021年の夏、共に東京五輪へ出場したセッターで、2023年3月に31歳の若さで永眠した藤井直伸のものだった。

「この大会、特に藤井さんの存在が大きかった。支えてくれてありがとう、という気持ちでした」

ライバル、という言葉だけでは言い表せない。二人だからこその絆があった。

History of MASAHIRO SEKITA

五輪予選という怒涛の日々を終えて、主役たちに話を聞く機会に恵まれた。それぞれの言葉で「あの時」や「あの場面」を掘り下げると、新たな発見の連続だった。そんな中、多くの選手が、自分のこと以上に熱く語る存在がいた。それが「セッター関田誠大」についてだった。

リベロの小川智大に言わせれば「努力する天才」。バレーボールのセンス、技術の素晴らしさは世界一で、異論は認めないと力強く言い切った。指揮官フィリップ・ブランの緻密なバレーボールを支えたコーチ伊藤健士も「もっともっと、日本でも世界でも評価されるべき最高のセッター」と絶大な信頼を寄せる。極めつけが、関田と同じ1993年生まれのミドルブロッカー山内晶大だ。

「このチームはいろんなすごい選手がいて、『石川祐希のチーム』『髙橋藍のチーム』と見る人が多いですよね。どれももちろん間違いないですけど、でも今の日本代表は

『関田誠大のチーム』だと僕は思います。関田がいなかったら、どんなにすごいアタッカーがいても、成り立たないですから」

パリ五輪決定からひと月弱が過ぎた11月、ようやく関田本人の話を聞く機会が訪れた。ここまでの話を伝えると、ニヤリと笑った。

「意外とみんな、僕のことを考えてくれているんですね。ありがたいです」

多くの証言に違わず、確信を持って言えるのは、これほどタレントが揃う日本代表にとって、最も不可欠な存在はセッターの関田であるということ。

セットの精度、ボールコントロール技術は抜群で、トスワークでも魅了する。運動量も豊富で、ボールの下に入るスピードは段違いに速い。ニアサイドやファーサイド、多少レシーブの返球が離れた位置からでも目指すポイントへ持って行くパス力も当代随一だ。

チーム内でも絶大な信頼を集めるが、当の本人は慢心も謙遜もなく、淡々と言う。

「うーん、自分が一番上だとたぶん楽しくないのかな、逆に。どうなんですかね。自分が一番上だと思っちゃうと、僕は何を目指せばいいかわかんなくなっちゃうと思うので。(自分よりも目指す)上がいたほうがいいのかな、とは思いますね」

唸るような技術やプレーの数々も、関田は「普通のこと」と涼しい顔で答える。決して饒舌ではないが、問いかけを復唱しながら、「うーん」とか「何だろうな」と考え、返ってくる答えはいつも関田らしさが満載だ。

五輪予選のミックスゾーンでも、そんなシーンが何度もあった。

例えばトルコ戦で、ファーサイドにワンハンドで上げたバックトス。得点を決めた西田有志以上に関田のトスに歓声が起こった。記者席で見ながら、このトスについて聞くことを忘れないように、とノートのメモに二重線を引く。「すごい」としか言葉にできない素晴らしいプレーだったのだが、その時も関田は至って冷静だった。

「僕の中では（あのプレーは）特別ではないんです。言ってみれば、これもトスの中の一部。普通の中の一部だから決まればいいかなって思うけど、見ている人がそう思ってくれるなら、もっとそういうプレーを増やしたいです」

そもそも〝うまい〟セッターとはどんなセッターを指すのか。関田の答えはシンプルかつ明確だ。

「安定していて、精度が高くて、バリエーションがある。トリッキーとかじゃなく、いろんなことをやるけれど、同じ状況で同じトス回しができる選手、セッターはうまいなと思いますね」

世界に目を向ければ、アメリカ代表マイカ・クリステンソンがダントツにうまい、と関田は言う。だが、客観的に見れば、関田が誰よりも〝うまいセッター〟ではないかと思うのは決して、筆者だけではないはずだ。

一つひとつのトスが正確そのもの。加えて、サイドアウトやブレイク、シチュエーションの違いはあっても、関田がセッターとして出場する試合を観ると「次はどこに上げるのか」とワクワクさせられる。自分が上げたい場所にただトスを上げるのではなく、相手のブロックを見て得点につながる最も効果的な選択をする。瞬時の観察と判断は、世界屈指と言っても過言ではない。

「僕の中で、今この場面では誰を使っていいのか、という基準がだいたいあるし、わかるんです。ミスをした後に、2本目も連続で上げていい選手なのか、今日はダメなのか。ミスの仕方とか、表情や性格でわかる。もちろん練習からいろいろ試しているからこそではあるんですけど、相手がサーブを打つまでの瞬間に、ブロックを見て、こっちの選手の顔を見て判断しています」

たとえば、劣勢や僅差の場面。ここで決めてほしいと思ってトスを上げる時もあれば、あえて「もっとリズムに乗らせたい」と託す場合もある。些細な違いに見えて、セッターの一つひとつの選択が、結果に大きく反映するリスクは常に付きまとう。

「決めさせたい、と思ってこちらが続けて上げても、その人をダメにしちゃう可能性もある。意思疎通ができていないと難しいですよね」

トスの背景にはアタッカーの性格やプレースタイル、相性、すべてを考慮した判断がある。それを求められるのがセッターという仕事でもある。

「いいブロッカーが目の前にいるのに、こっちのアタッカーが思い切り打つタイプだと決めるのは難しい。僕はそう思うタイプです。そのうえで、石川や宮浦（健人）は指先を狙ったり、いろいろな引き出しがあるし、どんな時でも決められる選手だと僕は思っているので、たとえミスをしても気にせず上げる。〝決めさせたい〟ではなく、極端に言えば〝大丈夫でしょ、気にしていないよね〟という感じに近いのかもしれません」

2、3本と同じ選手にトスを上げると、「強気なトスワーク」と評されることも多いが、それも「わかっていないですよね」と苦笑い。聞けば聞くほど、コートの上でいかに頭をフル回転させて、導き出しているかがよくわかる。

だからなのか。話を聞くたびに、関田は決まってこう言う。

「とにかく考えることが多いし、やらなきゃいけないことがものすごくたくさんある。楽しくないんですよ」

2024年、パリ五輪イヤーには31歳になる。年齢はただの数字、と言いたいが「がむしゃらに練習するばかりじゃなく、休む時は休まないと次の日に響く」。身体も頭も「もうボロボロ」と言うのも、決して大袈裟な表現ではないのかもしれない。

「僕は、僕がいないチームを見てみたいと思う。日本のセッター、みんなうまいですよ。ただ、勝負の世界には勝敗もついてくるので、セオリーを学んで、分解して、つくって、壊して。いろんなことをやっていくのがバレーの醍醐味じゃないですか。そのためには、勇気と気合い、覚悟が必要。やるか、やらないか。大事なのはそこです」

やるか、やらないか。

言葉にすると至ってシンプルだが、関田の歩みをたどれば、それを体現してきた選手だとわかる。

天才セッターの歩み

バレーボールを始めたのは小学1年生の時。幼い頃は水泳と両立してきたが、小4でバレーボールを選んだ。所属していたのは強豪チームとして知られる東京の東金町ビーバーズ。強い相手を倒したい、と思いながらも「やるからには強いチームで勝ちたかった」。筋金入りの負けず嫌いだ。

練習は週に6日。当時を振り返ると「そんなにやるか？ と思うぐらい練習した」と笑うが、願い通り、全国大会で優勝を経験。中学も同じく全国に名を馳せる強豪の駿台学園中に進学、またもや全国制覇を成し遂げた。レシーブの技術も高く評価され、中3でセッターに専念するまではリベロも経験した。

東洋高校の1学年上には柳田将洋がいた。もともと関田を東洋へ誘ったのも、幼い頃から仲が良かった柳田だった。そして2010年3月、関田が1年、柳田が2年の春高バレーで初優勝。関田はこれで小・中・高すべてで全国制覇を経験した。

この大会を境に、春高バレーは3月から1月開催へと移行。従来は春休み期間のために1、2年生（新2・3年生）しか出場できなかったが、高校生にとって文字通り「春高バレー」が最後の大会に位置付けられた。東洋高としても、連覇だけでなく、新生・春高バレーを制することは歴史に名を残すチャンスでもある。

優勝候補と目された東洋の前に立ちはだかったのは、熊本の名門・鎮西高校だ。エース柳田を中心に東洋は前評判通りの強さで順調に勝ち進んだが、準決勝で大接戦の末に1対3で敗戦。関田はこの試合を、悔しさ以上に気づきを得た一戦と記憶している。

「3月と1月、開催時期が変わったことで、それぞれのチームの完成度が違いました。もともと僕たち（東洋高）は全国の強豪と練習試合をする機会自体も少なく、自分たちのチームでいろいろ考えて、自由にやってきた。3月開催の時はそれでも十分通用したし、マサ（柳田）だけでも勝てると思っていました。でも1月になったら、個の力だけじゃ越えられない。マサだけじゃなく、他の選手も機能させて、チームとして戦わないと勝てないんだ、と実感しました」

主将を務めた3年次も、再び春高に出場したが、のちに全国制覇する大村工業高校に3回戦で敗れ、関田の高校生活は幕を閉じた。

その後、中央大学に進学。そして、3年次に石川祐希が入学してくる。

当時の中大には錚々たる顔ぶれが揃っていた。関田と同期の今村貴彦がオポジットを務め、アウトサイドヒッターには高校時代から石川の対角を担ってきた武智洸史が、ミドルブロッカーには渡邊侑磨と大竹壱青がいた。ディフェンス面でも武智が持ち前の守備力を発揮し、リベロは伊賀亮平が務めた。そして、そんなチームの中心にいたいた。

パス力を活かした正確なロングセットや、両サイドへのトス。現在の姿を彷彿させるトスワークは大学時代から抜群で、打ち手が揃った中大でもその存在感は際立っていた。

さらに現在の関田を語るうえで欠かせない「ミドル攻撃」を多用するスタイルも、実は中大時代に築き上げたもの。きっかけは、石川だった。

「石川は当時からすごかったし、上げれば決めてくれる。だからこそ、ひとりのエースを活かすために、どう持って行くか。組み立てるのか。特にミドルを使うことに対して積極的に考えて、実行するようになったのが大学時代でした」

2014年から全日本インカレを連覇し、2015年の天皇杯では高校の先輩・柳田を擁するサントリーサンバーズにも勝利。大学生がVリーグに勝つ下剋上を果たしたが、「中大なら勝って当然」と見る目があったほど最強布陣だった。

「柳田の後輩セッター」「石川の先輩セッター」「世代最強大学生集団を操る天才セッター」など、エリート街道を突っ走ってきた関田を評するフレーズはその時々で変化した。だが、そんな関田も世界の壁に衝突する。日本でも小柄とされる175㎝の身長がウィークポイントになった。

光る技術と判断力、勝ってきた実績によって2016年には日本代表に初選出されたのだが、リザーブに甘んじていた。5月のリオデジャネイロ五輪予選にも出場したのがセッターの関田だった。

が、正セッターは深津英臣。前年のワールドカップから清水邦広、石川、柳田といった攻撃陣と共にプレーしてきた深津の前に、関田の出場機会はほぼない。日本代表としても切符を獲得できず、関田は不完全燃焼のまま、五輪を逃すことになった。

翌2017年は、日本代表登録選手の30名には選ばれたが、9月開催のワールドグランドチャンピオンズカップに出場する14名のリストから漏れた。この年から新体制がスタート。関田を推す声も少なくなかったが、3年後の東京五輪に向けて始動した年に、コートへ立つこともできない現実を突き付けられた。

大会の開催が迫る中、「今に見ていろ」という反骨心を胸に所属するパナソニックパンサーズに戻った関田は、練習に明け暮れる日々を過ごす。

その頃、日本代表としても長いキャリアを持ち、関田が初選出された時には主将を務めた清水と、リベロの永野健が食事に誘ったことがある。代表選考から外れただけでなく、パナソニックでも出番が訪れずに落ち込んでいた関田を、清水はこう励ましたという。

「お前はめちゃめちゃ素質があるし、精度もだけど（トスの）上げ方がすごい。もっと自信を持って、自分の好きなようにやれば、どんどんよくなるよ」

関田は「あまり覚えていない」とイタズラに笑ったが、清水はこの後の関田の行動を鮮明に覚えている。

「普通、選考から漏れたり、メンバーを外されたりしたら、もうバレーボールはいいやってなるのも当然だと思うんです。でも関田は、そのメシの後、練習しに行ったんですよ。それだけで、こいつはめちゃめちゃすごくなるな、と思ったし、実際、この数年で一番伸びたのは関田だと思いますよ」

悔しさが充満したシーズンを終え、関田は2018年9月に堺ブレイザーズへ移籍した。出場機会、新たな活躍の場を求めた決断は吉となり、同年の日本代表登録選手34名に選出。ネーションズリーグ、そして9月にイタリア、ブルガリアで開催された世界選手権にも出場した。小さいセッターでは勝てないという常套句も覆す飛躍的な成長を遂げ、ここから一気に日本の正セッターへと駆け上がった。

対照的なライバル

同じ頃、関田の凄さを公言していた選手がもう一人いた。同じセッターの藤井直伸だった。

「めちゃくちゃうまいですよ。僕、あんなトス、全然上げられませんもん」

1992年1月生まれの藤井と、1993年11月生まれの関田。2学年違いの二人は、学生時代は全く別の道を歩んできた対照的なセッターだった。

東洋高、中大はもちろん、小中学生の頃から全国を制するなど、さまざまなカテゴリーで華々しい戦績を残した関田と異なり、宮城・古川工業高校から順天堂大学へ進んだ藤井が試合に出始めたのは、大学4年生になってから。お世辞にも器用とは言えない。身近にいた人たちが親しみを込めて「ヘタクソだった」と振り返るように、藤井は関田のような技術に長けたセッターではなかった。

しかし、２０１４年に入団した東レアローズですぐにレギュラーを勝ち取ると、素直な性格と努力をいとわない気質が重なり、大きく進歩していく。２０１６-17シーズンには正セッターとして初めてリーグ、天皇杯を制覇。直後の17年4月、日本代表に初選出されると自らの武器をいかんなく発揮した。特に、世界をも驚かせたのが東レのチームメイト、ミドルブロッカー・李博とのコンビネーションだった。

パスがセッターの定位置からどれだけ離れていてもお構いなし。どんどん積極的にミドル攻撃を多用する。その姿は、関田の脳裏にも色濃く焼き付いている。

「クイックとか、ライトへのバックトスがうまいですよね。いいなぁ、と思って見ていました。クイックを軸に李さんとああいうバレーをしてくれたのは藤井さんのすごさ。僕も間近で見られてもっとクイックを使おうと思ったし、ブランからも『クイックをどんどん使っていけ』と言われて。そういう全部があって、僕も今があると思います」

Vリーグで対戦すれば、意識せずに振る舞おうとしても、その度に意識してしまう。日本代表合宿では日々の練習から自然と目が行くし、気になる存在だった。

２０１８年世界選手権から、日本代表のメンバーはほぼ入れ替わることなく、セッターは常に関田と藤井の二人が選出されてきた。同じ場所で、同じ目標に向かっているからこそ、一番遠いような存在でもあった。

「ライバルですね。ライバルです。バチバチはしていないですけど、試合でも練習でも、常に意識していました」

関田は自身を「コミュニケーション下手」と言うように、コートの中でもあまり感情を露わにしない。どちらかといえば孤高の職人気質というイメージが強い。一方の藤井はといえば、試合中には大きな声を張り上げ、得点が入れば大きなジェスチャーで喜びを表現する。チームのムードを変える、明るさが印象的でもあった。

キャラクターも、ここまでの歩みも正反対。でも二人に共通していたことが二つだけあった。「バレーボールが大好き」。そして、「めちゃくちゃ研究熱心で、諦めず努力し続けられること」。

2018年の世界選手権を終えたあと、藤井から関田の話を聞いたことがある。

「(関田は)練習の1本目からうまいんですよ。ぴゅーってトスが伸びて、どこからでも上げる。あんなにバレーができたら楽しいだろうな、と思うから、僕も練習するんだけど全然できない。やっぱり、関田ってすげーな、ってなっちゃうんですよ」

悔しさやもどかしさを抱きながらも、互いを認める。それだけでなく「自分も」と前を向く。高め合う二人は、文字通り、最高のライバルだった。

二人は、揃って東京五輪メンバーに選出された。正セッターを務めた関田は、大会直後に世界最高峰リーグの一つであるポーランドへ移籍。「熊みたい」と揶揄する大柄な選手たちに囲まれ、「小さいと言われることなんてどうでもいいと思えるようになった」と言い切るほど、逞しさを増していた。

そんな矢先だった。藤井がステージ4の胃がんを患っていると知った。間もなくポーランドリーグが終わる、という頃だった。

さまざまな憶測が巡る中、感情が溢れる。それでも目の前には挑むべき試合があり、そもそも異国の地から簡単に帰ることなどできない。しかも時代はコロナ禍。帰国後も厳戒態勢の中で日本代表合宿も続いていた。藤井の体調や治療の状況もあり、会いたいと願ってもタイミングを合わせることができなかった。

２０２３年3月10日、訃報が届いた。

最後の別れの日。関田は人目をはばからず泣いた。

「あんなに泣くはずじゃなかったんです。でも、しんどかったですね。いろいろと、思うところがあったし、またいつか、一緒にできるんだろうな、とか。それが結局叶わなくて。何より、1回も会いに行けなかったのが、そこはすごく、悔いが残っています」

どちらかが現役を引退するまで、刺激し合える存在でいられる。そんな日々が続くと思っていた。こんなにも突然、会えなくなるなど考えもしなかった。

「ライバル視していたんですよ、結構。たぶん。こう、勝ちたい、藤井さんに勝ちたいという思いがあって、距離を取るという言い方はちょっと違うんですけど、どこかに〝自分が勝ってやる〟というのもあったから、バレーについて話す時はもちろんありましたけど、なかなか話し込めなかった。もっと（藤井の横に）行けばよかった、話せばよかった、という思いは正直あります。やっぱりお互い、手の内は明かさないというか、いろんな思いもありましたよね。でもそういうことをもっと知りたかったし、話せばよかった、って。僕は藤井さんと一緒にやるのがこれからも普通のことだと思っていたんです。毎回、日本代表が終わって、Vリーグを戦って、終わればまた一緒に、というのが自然で、空気みたいだったから。意識することもなく、これからもそうやっていけるのが当たり前だと思っていた。もうちょい、一緒に。藤井さんとやり続けたかったです」

関田がその存在の大きさを実感することになったのは、別れから半年以上が過ぎた２０２３年の秋だった。

9月30日。パリ五輪予選が開幕した。関田にとっては２０１６年以来、２度目の五輪予選。経験があるとはいえ、前回はほぼコートに立つこともなかったため、正セッターとして挑むのは初めてだった。

とはいえ、日本代表での戦いを振り返れば、２０２３年は〝快挙〟をいくつも成し遂げてきた。何が起こるかわからない五輪予選の重圧は大きいが、少なからずの自信を持って臨んでいたことは確かで、準備も万全のはずだった。

大会2日目のエジプト戦、チームを司る関田に異変が起こった。

最初の2セットを難なく先取した後、３、４セットを立て続けに奪われた。前日の開幕戦でフルセットの辛勝を収めたフィンランド戦と同じ流れだ。

違ったのは、7対12とリードされた第4セットに、関田が交代を命じられ、セカンドセッターの山本龍が送り出されたこと。

6名、ないしリベロを含めた7、8名がコートで戦うバレーボールの国際大会では、ベンチに14名が登録される。試合状況によって流れや戦術を変えるべく、選手を交代するのは珍しくないが、関田は絶対的な存在でもある。前衛3ローテや、明らかに点差が離されたままの場面であれば納得もできるが、第4セットの山場だ。結果的にそのセットも取れず、あとがなくなった最終セットも、コートに送り出されたのは関田ではなく山本だった。

関田以上に、その状況に動揺したと振り返るのはそのほかの選手たちだ。山内が証言する。

「完全に関田の気持ちが切れていたんです。試合の流れがどうこうよりも、そのことが何より〝うわ、やばい〟って。（試合直後の）ロッカーでは『もう俺、自信ない』『何が正しいかも、どうしていいかもわかんない』と言っていたのを聞いて、正直に言えば〝終わった〟って。関田が自信をなくしたら、もうこのチームは無理だ、ってその時は本気で思いました」

関田はその場面を、「全部、嫌だった」と躊躇（ためら）わずに言う。

「正直に言うと、もういいや、という気持ちになりました。試合が終わっていないのでよくないですよ。やらなきゃいけないこともある。でも、気持ちが切れちゃった。任せてくれよ、という気持ちがもちろんあった。でも自分が思うことを実現できていなかったのでギャップもあったかもしれない。全部嫌だったし、しんどかったですね」

第5セット、10対10の場面で再び関田が投入されたが、サイドアウトが切れず、終盤に連続得点を上げたエジプトが勝利。歓喜するエジプトの選手と対照的に、日本の選手たちは険しい表情だった。キャプテン石川が輪を作ったが、関田はその輪に加わろうとすらしなかった。

「セキさん！」

石川が必死に呼びかけたが、コートの隅にしゃがみこみ、タオルで顔を覆った。

「今、考えたらそんな大きなことだったかな、と思うんです。でもあの時は悔しかった。試合に負けたこともそうだし、自分に対してもそう。立て直すのが難しくて、ご飯も全然、食べられなかった。気持ちが前に出てくればいいんですけど、なかなか自然に出るものではないので、自分でも、大丈夫なのか、って思っていました」

山内や石川、西田が関田を案じた。皆が「どうすればいいのか」とうろたえながらも声をかけ、散歩やジャグジーに関田を誘い出した。エジプト戦の夜、髙橋健太郎は「俺のパフォーマンスだって、とっくに終わっている」と自虐を交えながら本音をぶつけた。

仲間のおかげで、気持ちが少し楽になった。でも、簡単に前を向けるわけではない。どう切り替えればいいのか。部屋に戻った髙橋から再び連絡が来た。

「セキさん、テレビつけて。藤井さん、出てるから」

流れていたのは、大会に合わせて放送された藤井の追悼ドキュメントだった。途中からで、すべてを見たわけではなかったが、病気を宣告されてからの日々を初めて目にした。見終えた時、自然と思った。

「頑張ろう、って。何がどうとか、うまく説明できないんですけど、（藤井の特集映像が）なかったら、しんどいままだったかもしれないです」

翌日のチュニジア戦、相手のサーブから始まる1本目の攻撃に、関田がセレクトしたのは小野寺のBクイック。どの攻撃も選択できる中で、あえて武器として磨いてきたクイックを使う。たった1本ではあったが、関田らしさが戻った。

関田の復調に合わせて、チームは息を吹き返す。危なげなくチュニジアにストレート勝利を収め、翌日もトルコに完勝。レストデーを1日挟み、欧州の強豪セルビアにもストレート勝ち。エジプト戦の敗戦で苦境に追い込まれながらも立ち直った。

大会前の負傷で本調子ではなかった石川の復調も大きかった。日本の武器であるブロックとレシーブが連動したディフェンスも機能。サーブ、ブロックも狙い通りのスーパープレーが次々飛び出す。その中心で淡々と冷静に、関田が攻撃を組み立てる。

トルコ戦を終えた直後のミックスゾーンでは「これがもともとの僕らで、自由にバレーをするのが強み」と、ニヤリと笑みを浮かべる関田の姿が戻っていた。

「周りから〝大丈夫?〟ってすごく気にしてもらって、声をかけられまくっているので（笑）。いい意味で『もう大丈夫だよ』って言いたいですね」

孤独との戦い

メディア対応だけでなく、コミュニケーション力に長けた選手が増えた日本代表の中で、関田は「周りから怖いと思われているほうだと思う」と自身を評する。本音は「もっと（若手から）来てほしい」。でも自ら積極的に話す性格ではないため、自分の反応や言動がどう伝わるかを考えすぎて、自分でも面倒になると笑う。

「意外と、気にしいなんですよ」

大胆なように見えて、実は繊細。いいプレーは瞬時に「はい、次」と頭が次に向くのに、失敗や悪かったプレーはすぐに切り替えられない。

ただし、自分を貫くことも譲らない。

「人に言われた通りにやるのは嫌なんです。自分がこうしたい、というのがあるし、僕は基本的に、人の言うことを聞かないタイプなので」

中大時代の監督である松永理生も、関田との日々を振り返ったとき、苦笑いしながらこう語っていた。

「こういうバレーをしようと取り組んできたけれど、『理生さん、僕このバレー面白くないです』と言われたことがあったんです。あそこまではっきり『面白くない』と言ってきたのは、誠大だけ。本当に面白いセッターでした」

頑固な部分は日本代表のコートでも。タイムアウトやセット間、ベンチでブランと関田が話している光景はよく目にする。内容までは判別できないが、時折見せる厳しい表情やジェスチャーだけで、中身はおよそ伝わってくる。

「（ブランは）わかり切っていること、余計なことを言ってきたりするんです。ここに上げろ、とか。だから『俺も考えているから』と言い返していましたね。僕も、自分がわかっていること、知っていることは聞きたくない、という態度を出していたので、そこは反省して、最近はいい関係ですよ。でも、ブランが言った通りに使っても決まらない時、僕はすぐブランのほうを見て『ほら、決まらなかっただろ』っていう顔をするんです。でもそういう時は知らんぷりですよ。全然、ブランは僕のほうを見てくれないですから（笑）」

セッターは、自分が打って決めるのではなく、決めさせるのが仕事。にもかかわらず、負けた時やうまくいかない時には矛先が向けられる、孤独と戦うポジションだ。技術と頭脳、経験値を持ち「このチームは関田のチーム」と言わしめる男ですら、悩み、苦しむほどに。

その壁を乗り越えたのが、五輪出場を決めたスロベニア戦だった。

序盤はリードを許す展開も、中盤には覚醒したエース石川へと立て続けに託して試合を立て直す。サーブで崩したブレイクチャンスでは積極的にバックアタックやミドルを絡め、相手ブロックを分散させたところで、前衛レフトへ。どこまで視野が広がっているのかと唸らされるような、巧みなトスワークでチームを操縦し、相手をねじ伏せた。第2セットではブロックポイントを決めると、ベンチに向け、満面の笑みで左手を高く突き上げた。

最後の最後、五輪出場を決める1点を自ら思い描いた形で獲ることはできずに終わったが、苦しんで、もがいた末に迎えた、歓喜の時――。

泣いて、笑って、叫んで。

喜びが爆発する輪の中で、高橋健太郎が手にしていたのが藤井のユニフォームだった。東レのチームメイトである富田将馬が藤井の妻の美弥さんに依頼し、大事な試合を一緒に戦いたいとベンチに持ち込んでいた。

泣きながら、そのユニフォームを両手で掲げる高橋に、オンコートインタビューへ呼ばれた関田が言った。

「これ、着てもいいかな」

支えてくれてありがとう。その気持ちを伝えたかった。

何より、一緒に、この場に立ちたかった。

「(手に持つはずだったのに)健太郎が『いいよ、着ちゃえよ』って。そもそもアイツのじゃないのにずっと言っていて。汗でびちょびちょで、申し訳ないな、って思ったんですけど、あの時はどうしても着たかった。(歓喜の場面で)藤井さんの名前を前に出せたのも、よかったです」

勝利直後の集合写真の中心には「FUJII　3」のユニフォームが写る。

伝えたい思いをすべて込めるように、背番号3を関田が右手でぎゅっとつかむ。藤井も、きっと握り返していたはずだ。


パリ五輪でも日本コートの中心には関田がいるはずだ。

王道で攻めるか。はたまた、裏をかくのか。

どんな1本にしても、その選択を誰よりもわくわくしながら見守る、甲高いあの声が空の上から聞こえてくるはずだ。

「関田、やっぱりめちゃくちゃすげーな」と。

第7章 宮浦健人

この一本にすべてを懸ける

みやうら・けんと／オポジット。1999年2月22日生まれ、熊本県出身。鎮西高、早稲田大で主将を務め、2021年ジェイテクトSTINGSに加入。翌夏からヨーロッパへ渡り、2023年からパリ・バレー（フランス）でプレー。190cm、87kg

パリ五輪予選7日目　2023年10月8日　vs アメリカ

歓喜の余韻が残る最終日——。前夜、スロベニアにストレートで勝利した日本は、パリ五輪出場を確定させた。対戦相手のアメリカも同様で、見方によっては消化試合と捉えられかねない。それでも代々木第一体育館には、試合前からたくさんの観客が詰めかけ、間もなく始まるラストゲームを心待ちにして、目を輝かせている。

心なしかリラックスした表情で、両チームの選手たちが入場する。ウォーミングアップのサッカーに興じる選手がいたり、試合に向けて思い思いの準備を施す中、宮浦健人はいつも通り、コートの隅で黙々とストレッチをしていた。トレーナーと共に小さなゴムボールを使って肩関節と肩甲骨の動きを念入りに確かめる。初戦も、7戦目も、何一つ変わることはない。この日も万全の準備をして、来たるべき瞬間に備えていた。

互いに大幅にメンバーを変更して臨んだ一戦、リードしたのは日本だった。立ち上がり早々にアメリカの3枚ブロックをものともせず、ライトからのスパイクを決めて、2対0と先行。しかし主力を温存しながらも、セッターで主将のマイカ・クリステンソンとオポジットのマシュー・アンダーソンという実力者をコートに残していたアメリカは、中盤に連続得点を重ねて19対25でこのセットを先取した。勢いそのまま第2

セットもアメリカが優位に進める中、日本へ流れを引き寄せたのは、今大会初めてのスタメン出場となった宮浦だった。

17対17、接戦の展開で宮浦にサーブの順番が巡って来た。本人は「しっかりとヒットできていなかった」と反省するも威力が勝り、アメリカのディフェンスを崩して攻撃を絞らせる。その直前にワンポイントで投入された主将・石川祐希がつなぎ、最後は富田将馬が決めた。続けて宮浦がサービスエースを獲り、19対17。会場の空気が一変すると、駆け寄った石川と胸と胸を合わせ、「俺が獲ったぞ」と、感情を露わにした。

宮浦の見せ場は、一度ならず二度、三度、さらに四度と続く。

第2セットを奪取した後の第3セットでは22対18と4点をリードした場面、今度は少し緩く、力を抜いてストレート方向を狙ったサーブでノータッチエースをマーク。日本はこのセットも連取した。

さらに第4セット。12対14と2点をリードされる中、宮浦のスパイク、そして2本続けてのサービスエースで一気に15対14と逆転に成功した。

試合序盤のサービスエースは「たまたま」「コントロールしながら打ったら決まった」と謙遜気味に振り返るが、この連続エースは、まさに〝会心の2本〟でもあった。

「しっかり叩いて、自分の得意なコースに打てた。打った瞬間、行ける、と思ったし、あの2本は自分でもいいと思えるサーブでした」

その後も得点を重ね、20対17とリード。日本の勝利まであと5点――ようやく出番を得たメンバーたちがコートで躍動し、決して消化試合で終わらせないという意思をコートで示した。何より、最終戦で強豪アメリカに勝利をもぎ取れば、パリ五輪に向けて自らの存在価値をアピールする機会になる。宮浦が放つ1本、1球には、まさにそんな気迫が込められていた。

だが、「勝って終わりたい」のはアメリカも同じ。終盤の連続得点で逆転を許し、そのまま第4セットを23対25で奪われた。第5セットも12対15と逃げ切られ、今大会はアメリカに〝全勝〟を許す形となった。

有終の美を飾ることはできなかったとはいえ、パリ五輪出場という最大の目標を達成した。満面の……とまではいかずとも、それぞれの表情には大会を終えた安堵があった。ある程度の手応えを感じた控え組の選手たちがミックスゾーンで笑顔を見せる中、ただ一人、悔しさを滲ませていたのが宮浦だった。

「パフォーマンス自体は悪くなかったですが、勝負所の1点でミスを出してしまった。個人的に、ハイボールの処理や、ブロックされてしまう場面も多かったので、そこはもっと改善しないといけない。4セット目にリードしたところから逆転されて勝機を逃してしまったのも、自分も含め、試合に出ていた人間の力不足を感じました。何より負けたことが自分は悔しいし、もっともっと成長しないといけないと実感しました」

負けて終わって、笑える試合などない。次に勝つためにやることは何か。いつでも努力を惜しまない。それが宮浦健人という人だ。

History of KENTO MIYAURA

高校バレーを取材していると、何人もの「エース」に巡り合う。

その時々、世代を代表する選手がいて、のちに日本代表で活躍するのは学生バレーボール界を彩ってきたエースたちばかりだ。

豪快さを武器とする選手がいれば、唸らせるようなテクニックを持つ選手もいる。背負うエースナンバーもチームによってさまざまなのだが、〝エースの称号〟ともいうべき眩い光を放ち続けるのが「鎮西の3番」だ。

高校バレーボール界の名門、熊本・鎮西高校では、その世代の中心になる選手が必ず「3番」を背負う。それは主将の兼任も意味し、過去にはセッターやリベロが背負ったこともあったが、ほとんどの世代で勝利に導くアタッカーが身につけてきた。

なぜ、「鎮西の3番」が特別なのか。この番号を身につける選手には共通点がある。大半の攻撃を託されながら、いかなる状況でも逃げないこと。そして、決して言い訳をしないこと。

近代バレーでは、一人のエースに打数を集中させることはほぼなくなった。偏らせることなく、満遍なくいたるところから攻めるべき、という考え方が一般的になっている。ただ、それを承知のうえで、あえて言う。何本ものトスが託され、当たり前のように決める。相手に読まれていても、それを凌駕するかのように決める。その姿はエースと呼ぶにふさわしく、何者にも代えがたい。宮浦は、まさにエースを象徴するような選手だった。

名門を背負った3年間

エースの始まりは、7歳の時だ。両親の影響で兄がバレーボールを始め、それに連れられるように弟の健人も練習に一緒について行った。現在の寡黙なキャラクターからは想像もできないが、意外にも当時はやんちゃ坊主で、活発な男の子だったという。自然豊かな地元にはいくつも遊び場があり、小学校から帰ればすぐ外へ遊びに行った。特に好きだったのが川遊び。暗くなっても家に戻らず、心配した担任教師の車に乗せられて自宅に帰宅し、両親からこっぴどく怒られるのもしょっちゅうだった。

転機は小学6年。父の母校である鎮西高校に附属する鎮西中に男子バレーボール部ができることが決まり、父も指導を受けた畑野久雄監督から「鎮西中に来ないか」と誘いを受けた。

もともと地元の中学には男子バレーボール部がなく、バレーボールを続けるならクラブチームに入るしかないと思っていた。家から中学まで片道1時間半、決して近い距離ではなかったが、バレーボールを上達させるために、これ以上ない環境であることはすぐに理解できた。

1期生の同期は、自分を含めてたった二人。試合に出場するにしても、練習するにしても人数が足りない。近隣の中学と一緒に練習を行い、試合も他校との合同チームで出場した。

中学入学時に155センチだった身長は、気づけば185センチを超えた。ただ、身体は一気に成長したものの、バレーボールの技術が身についたかといえばそうではない。熊本選抜に選ばれることはあっても、全国選抜に入った経験もなく、「突出したものも特にないレベルの選手だった」というのも謙遜ではなかった。真の意味で成長を遂げていくのは、鎮西高に入学してからだ。

畑野監督は練習中から多くを語らないことで有名だ。ただ、ミスした時だけは、注意が飛んでくる。

「やらされる厳しさではないんです。でも、絶対にミスはダメ。畑野先生はああしろ、こうしろとは全然言わないですけど、ミスをした時は必ず怒られました。だから必然的に、なんでミスをしたのか自分で考えないといけないし、改善するためにどうするかも自分で考える。何をしなきゃいけないか、というのはものすごく考えるようになりました」

エースがひたすら打つスタイル、ということだけを聞けば、勝手に長く厳しい練習を想像してしまう。だが、鎮西の全体練習はさほど長くない。むしろ、宮浦の成長に大きく寄与したのは、全体練習後の自主練習だった。

「1つ上のセッター西田（寛基）選手が自主練をする人だったので、自分も頑張らないといけない、というメンタリティーになりました。普段はふざけたりする面白い先輩なんですけど、自主練の時は最初から最後までずっと真剣に2時間ぐらいひたすらトスを上げているんです。だから自分もそれに合わせてひたすら打つ。西田選手に負けないぐらい、とにかく一番練習しようと思っていたし、自分でも頑張ったな、と思います」

高校1年の頃は、一つ上の竹下優希と両エースで攻撃の大半を担った。「とにかくめっちゃ打つ」という言葉も決して大げさではなく、試合になればほぼすべてといっても過言ではないほどの本数が二人に上がってくる。トスの良し悪しではなく、「ネットの上に上がったボールはすべてアタッカーの責任」と、どれだけ決められるかを常に問われてきた。得点できなければ自分が悪い、と考えられるようになったのもこの頃からだった。

宮浦には今も忘れられない試合がある。高校1年生、初めて出場した春高バレーの初戦・早稲田実業高校との試合だ。

サーブレシーブに入らないオポジットは攻撃専門のポジション。1年生とはいえ、より多くの得点を獲る役割が与えられている自分が頑張らないといけない。覚悟を持って臨んだが、その気合いが裏目に出た。

「すごくアドレナリンが出ていて、地に足がついていなかったんです。打っても決まらないどころかミスばかりで、本当にひどいプレーをしてしまった。自分のせいで負けてしまったのは間違いない。自分のプレーがとにかくひどすぎたから、その時の気持ちとか、全然覚えていないんです。でも、もっと責任感を持って、もっと努力しなきゃいけない、と感じさせられたのがあの試合。自分にとっては、最初の挫折でした」

　初戦敗退の苦い記憶が残るのは、宮浦だけではない。宮浦が入学した年に鎮西高のコーチに就任した宮迫竜司も同じだった。

　試合に臨む選手たちをどう送り出せばいいか——指導者としての経験が浅かった宮迫は、まずは余分なプレッシャーを取り除こうと前向きな声をかけて送り出した。しかし、ふがいないミスが続いた。そこから「厳しさが足りなかった」と反省した宮迫は以降、選手に壁を乗り越えさせるべく、あえて厳しく接することを心に決めた。

　その標的となったのが、宮浦だ。

「部活だけでなく、授業中の姿を見ていても、とにかく宮浦は優しい子でした。人間としては本当に素晴らしいんですけど、勝負の世界で生きていくには、優しさだけじゃ戦えない。このチームが強くなるために、まず宮浦の成長が不可欠だと思ったので、とにかく厳しく言い続けた。壁を越える力になるような〝怒り〟を植え付けさせたかったんです」

　日々の練習や練習試合、嫌というほど、こう繰り返した。

「早実戦もお前がダメやったからああなったやろ。何もできんかったやろ。日々の練習が甘いけん、あの程度のパフォーマンスしかできんと！」

言われるがまま、宮浦は静かに唇を嚙む。宮迫は、「殻を破れ」と言わんばかりにこれでもか、と畳みかけた。

「お前のせいで負けた。そんなこと言われて悔しくないか。『クソ宮迫が！』と思わんと？」

寡黙な宮浦は、宮迫の叱咤をグッと飲み込み、ひたむきに応えた。ただ、実は宮迫が求めた〝怒り〟は備わっていた。

「ムカついていたので、ボールを宮迫先生の顔だと思って打っていました（笑）」

宮迫の厳しい指導の甲斐もあり、2年生になった宮浦は逞しさを増していく。インターハイのベスト8、春高の準優勝に貢献。U19日本代表にも選出され、アジアユース選手権では優勝も経験し、最優秀選手にも選ばれた。

そこで調子に乗ることなどないのが宮浦でもあるのだが、宮迫は一つ壁を越えた宮浦に新たな壁を与え続けた。春高やインターハイ、全国大会への出場が決まれば「出るだけで1回戦負けして帰るぐらいなら交通費がもったいない」とはっぱをかけ、U19日本代表の世界大会には「活躍もせず、行くだけだったら旅行やぞ」と手厳しいエールで送り出す。

厳しい言葉の中にある真意を、宮浦も見抜いていた。

「また壁をつくってきているなぁ、と。でも、そのおかげで自分がやらなきゃいけない、という責任感が芽生えました」

宮浦が「一番苦しかった」と明かしたのが、高校3年になったばかりの2016年4月、熊本を最大震度7の地震が襲った時だった。

鎮西高のある熊本市内も大きな被害を受けた。余震も続き、地震直後の数日は避難所での生活を余儀なくされた。水も電気もガスも止まり、大きな被害が続く中、同じ避難所で生活する宮迫に、宮浦は一度だけ不安を吐露したことがある。

「この先、どうなるんですかね」

高校生活も、バレーボールも、当たり前だと思っていた日常を取り戻すことができるのか。主将になった最後の1年。準優勝した春高から一つステップを上げた頂点を目指すために、意気込みは十分だった。だが、練習すら満足にできない現実。天井が落下し、体育館は半壊して入ることも許されない。市内の公共の体育館は避難所として使われている。少しずつ生活が落ち着き、学校や部活が始められるようになっても宮浦たちの練習場所は見当たらない。授業を終えてから、宮迫が運転するバスで近隣の佐賀や福岡に出向いて練習する毎日が続いた。

ようやく練習を再開しても、移動だけで往復3時間近くかかる。体育館を何とか確保しても全体練習は2時間がやっと。バスで学校に戻る頃は辺りが真っ暗で、校舎もとっくに消灯している。だが、その真っ暗なグラウンドを、宮浦は走った。

「とにかく練習ができていなかったので。何をしたらいいかはわからなかったんですけど、とにかくやれること、成長するためにできることをするしかない。鎮西でやっている自重トレーニングをひたすら反復して、砂場でバレーボールをしたり、走ったり。とにかくもがきながら、がむしゃらにやることしかできませんでした」

2017年1月、そうして迎えた最後の春高。

前年準優勝の鎮西は、第4シードで出場。だが、結果は2回戦敗退に終わった。練習不足の影響は否めず、連係ミスが生じ、完全燃焼には程遠い結末。それでも、「鎮西の3番」をつけた宮浦は、多くの記者に囲まれる中で一切言い訳をしなかった。

「自分のせいで負けた。自分が弱かったので、負けました」

エースはチームの象徴だ。責任を負う立場であるのは間違いないが、なぜそこまで背負えるのか。

「トスが上がったらスパイカーがどうにかするもの。自分でどうにかしないといけない、という責任感しかなかったです。大げさじゃなく、自然に。ずっとそう思ってやってきました。今考えると、むちゃくちゃだなぁ、って思いますけどね（笑）。最後の1年は結果が残せなかったので、やっぱり自分が弱かった、というのは今でも思っています」

勝利をつかむために、何本でも打つ。だからどれだけ止められても、全員が信じてトスを託した。結果以上に、その託されたトスの数が何よりの証だった。

やる、と決めたら、やる。鎮西を卒業しても宮浦は変わらない。

早稲田大学の松井泰二監督には、心に残る姿がある。

「とにかく一生懸命、ウエイトトレーニングをしていました。軽食を用意してきて、それを口に入れてから、一人で黙々と、徹底的にやる。過去を振り返っても、あそこまでやりきれた選手はいませんね」

大学バレー界の名門である早稲田大には、全国から多くの選手が集まる。宮浦のようにほとんどのトスを託された選手もいれば、役割を分散して組織的なバレーボールを実践してきた選手もいる。さまざまな「個」が集う強豪チームだが、練習時間は鎮西と同様にコンパクトで効率的。平日は授業があるため、21時を回ることもあったが、授業がない日曜は半日練習が基本。アルバイトも自由にできる環境で、空いた時間をどう使うかは松井監督も介入せず、それぞれに委ねられていた。自分のためにどれほど密度の濃い時間を費やせるか。その環境は、宮浦には適していたのかもしれない。

日曜の全体練習を終えた午後、持参した軽食で栄養補給をした後、トレーナーから提示されたメニューに沿って、2時間以上トレーニングに励むのが宮浦のルーティンだった。松井監督が回顧する。

「入学してきた時からジャンパー膝で、痛みがあった。必要なストレッチのやり方から教えたのですが、最初はほとんどやらなかったんです。でも、そこで僕も『やれ』とは言わなかった。むしろ、いつになったら気づくかな、と思いながら見ていました。練習は一生懸命やるし、性格もしっかりして、落ち着いていた。高校時代の彼を見て

『この選手と一緒にやりたい』と思わせる人間性を備えていましたが、トレーニングや身体の使い方に関しては関心がなかった。そもそも知らなかったんです」

高校時代はチームの攻撃の８割近くを担ってきた。耐え得るタフな身体を維持すべく、当時の知識や情報の中で精いっぱいトレーニングに取り組んできたつもりだったが、専門的見地から動作を解析してきたわけではない。松井監督の指摘は、宮浦の盲点をつく。

「スパイクを打つ時に脚が伸びていたんです。人の身体の構造上、長いものをぶら下げていると回転しない。スパイク動作も同じで、脚が伸びたままだと身体は回転しません。宮浦はまさにその状態で、肩の力に頼って打っていたので、負荷がかかりすぎた肩甲骨が陥没していたんです。身体全体ではなく、肩だけで打つからパワーも乗らないし、ブロックに当たったボールも飛んでいかない。『スパイクは肩ではなく、腰で打つんだよ』と理解させながら、フォームを変えていくうちに、肩甲骨の陥没も修正された。ストレッチやトレーニングに対して興味を持ち始めたのもその頃からでした」

ほぼ一人で打っていた高校時代とは打って変わり、早稲田大では攻撃も分散された。ブロックも止めるばかりでなく、抜かせて拾うことも求められる。戸惑うことばかりなうえに、同期のスポーツ推薦の二人は部活にも支障なく参加できたが、もう一人は理工学部で授業が忙しかったため、１年の頃は実質３人で練習の準備に奔走した。毎日が手一杯で「トレーニングや自分の身体に対して向き合えていなかった」が、壁にぶち当たったことが、宮浦の意識を変える。

大学2年になるとU20日本代表に選出。世界大会は高校時代にも経験済みだが、パワーも高さも増す相手に、かつては通じていた「小手先の技術」が通用しなかった。さらに、自身よりも先に、よりハイレベルな世界へと飛び出した同期の存在も大きな刺激になった。

「同世代の新井（雄大）選手や都築（仁）選手が先にシニアの日本代表にも選ばれて、正直悔しい気持ちもあったんですけど、自分の力不足も感じていた。まずは高さがないと勝負できないし、パワーもつけないといけない。そのためにはウエイトトレーニングだ、と思ったので、2年になってからはトレーニング、めっちゃやりました」

自身の成長プロセスを語る時、多くの選手が「めちゃくちゃ練習した」と口にするが、鎮西の3番を背負った男が言う「めっちゃやりました」には、深みと重みがある。

「本当にめっちゃくちゃやりました。早稲田のバレー部にはトレーナーがいて、インカレに向けて1年かけてどう上げていくかというプログラムをつくって下さるんですけど、僕はそこにプラスして、個人が成長するためにどうしたらいいか、というのを相談して、追加メニューも立ててもらったんです。追い込む時期は疲労が残るので、回復するメニューもあるんですけど、基本的に僕は常にマックスで、常に出し切るまで、やる。練習がない日やトレーニングがない日も残ってやるのが、あの頃の日課でした」

松井監督と宮浦の記憶が重なった大学2年は、体重も筋力も一気に増えたシーズンだった。フォーム改造の成果も加わり、理想的な高さとパワーも得た。

もう一つ新たな武器が加わる。ジャンプサーブだ。

きっかけは、U20日本代表のゴーダン・メイフォースコーチからの問いかけだった。

「ケントはオポジットとして、何個、武器があると思う?」

スパイクのキレや、トレーニングで増した高さとパワー。思いつく限りを羅列したら「まだまだ少ない」と言われ、サーブの変更を提案された。

「当時はハイブリッドに近いフローターサーブでした。でもサーブを武器にするなら、ジャンプサーブを打ったらいいいんじゃないか、と言われて。自分でも打ちたいと思ったので、松井先生に相談したんです。松井先生も同じように考えて下さっていたので、『わかった。やってみよう』と大学3年からジャンプサーブを打ち始めた。そこから一つ、自分も変われたんだと思います」

ひたすら〝やり抜く〟のみ。自らの壁を越えようと休日返上でウエイトトレーニングに励んだように、サーブもトスの高さやボールの下に入るタイミングと位置、ヒットポイント。一つひとつを細かく分けて納得いくまで取り組んだ。

自身は言葉少なに「とにかくやることをやった」と語るにとどまるが、松井監督は当時のエピソードを明かす。

宮浦にとって大学最後の1年となった2020年は、新型コロナウイルスの世界的大流行による影響をダイレクトに受けた。春季リーグ、東日本インカレは軒並み中止。秋季リーグは代替試合として開催が決まるも、直後に各大学の陽性者が増えたことで、途中で中止にせざるを得なくなった。冬場に控えていた全日本インカレの開催も危ぶまれていた。

学生最後の大会の開催が迫った時、チームの主軸である主将の宮浦、副将の村山豪、セッターの中村駿介の3人と松井監督でミーティングが設けられた。

松井監督にぶつけられたのは、難しい時期を必死で耐えてきた大学生の悲痛な声だった。

「先生、僕はこの状態で頑張れる気力も力もありません」

村山と中村は、そう訴えた。目標とする大会に向けて準備し、練習しても、それを発揮する場が奪われる。泣きながら「目標が見えない」と訴える選手たちに、それぞれを尊重する指導をしてきた松井監督は「今は無理しないでいい」と返すに留めた。バレーボールから離れることもやむを得ない、と学生たちの心情を重んじた。

ただ一人、宮浦は例外だった。

「僕はやります。必ず全カレがあると信じているから、僕は、やれることをやります」

次の日から数日、村山と中村は練習に参加しなかった。それでも、宮浦は表情も態度も変えずに練習に励んだ。その姿に引っ張られ、村山と中村も練習へ復帰した。

目標を失うかもしれない状況でなぜ表情を変えず、平常心を保つことができるのか。

村山が聞くと、宮浦はこう答えた。

「俺だって不安だけど、俺たちが不安な顔をしたら、下級生がどうしたらいいかわからないから」

同期ですら諦めようとする中、前を向く宮浦の姿を松井監督も思い出す。

「普段は口数も少ないんですけどね、ミーティングでは珍しく長くしゃべっていて。その時も『こんなつらい時だからこそ、普通の顔をしていないといけない』と話していて、本当にずっと、顔色ひとつ変えずに朝から淡々と練習していました。健人の強さ、人間性はさまざまなところで見てきましたが、本当にすごい人間だな、とあの時も思い知らされました」

2020年12月6日、規模を縮小して開催された全日本インカレの最終日。入学以来負けなしの4連覇を決めた最後の1点は、宮浦のサービスエースだった。諦めず、コツコツと磨きあげたジャンプサーブで頂点に立った。

未曾有の事態でもブレずに突き進んだエースが、「努力は裏切らない」ことを証明した姿でもあった。

上げてくれれば何とかする

宮浦はいつも〝悔しさ〟を原動力にしてきた。

高校でも大学でも、いくつも成功体験はあるが、宮浦が自らの歩みを語る言葉の中には、嬉しかったことや勝った記憶より、その葛藤が先行して口に出てくる。そして、〝悔しさ〟こそが、自分を強くしたとまっすぐに言う。

「悔しい思いをしたくてしているわけではないんですけど、でもその経験があるからこそ、常に〝成長したい〟と思える。だから自分にとっては、やっぱり悔しい経験が大きいんだと思います」

アンダーカテゴリーの日本代表でも主将とエースを託されたが、先に世界へ名を馳せたのは一つ下の西田有志だった。

大学在学時から、漠然と「東京五輪に出場したい」と目指していたが、なかなか日本代表には選出されなかった。1年の延期を経て2021年に東京五輪が開催。早稲田大を卒業し、ジェイテクトＳＴＩＮＧＳに加入した宮浦も初めて日本代表登録メンバーの24名に選ばれた。だが日本代表のオポジットとして出場したのは西田で、さらに2学年下の早稲田大の後輩・大塚達宣にも先を越された。

「振り返ると、悔しいことがいっぱいありすぎて、これが一番悔しかった、って決めることは難しいですね。高校1年の春高もめっちゃくちゃ悔しかったし、（本来は）大学4年の時が東京オリンピックだったんですけど、選考から落ちてしまったのもすごく悔しかったです」

東京五輪の翌年、宮浦は単身ポーランドリーグへの挑戦を決めた。当初、思い描いていたプランとは異なる中での決断となったが、それも前向きに捉え、「やる」と決めた。根本には、もちろん計り知れない〝悔しさ〟がある。

「日本に帰った時、どれだけ成長したか見せたい、見てろよ、って思っていました。でも、何が何でも成長してやる、という気持ちはあるのに、実際は（ポーランドでも）試合に出られない。それも悔しかったので、練習から『絶対Aチームの奴に負けない』という気持ちで、同じポジションの選手とバチバチに本気でぶつかり合いました」

うまくいかなければ練習でもへこむし、苛立つ。「クソッ」と心で呟きながら、また前を向く。

「（日本）代表のポジション争いのこともずっと考えていたし、『あいつ、ただ（海外に）行っただけじゃね？』と思われるのが嫌だったんです。マイナスな状況をプラスに変えてやる、と思うことで頑張れるのかもしれないですね。基本的に、すごく負けず嫌いなので」

ポーランドから帰国した宮浦は、有言実行とばかりに、本当に変貌していた。２０２３年の日本代表シーズンは、まさに「ミヤウラ」の名を世界へと広く発信する１年になった。

ネーションズリーグでは西田の不調も重なったが、つかんだ出場機会を逃さず、コートに立てば確実に結果を残した。４戦目のフランス戦では2枚替えで投入された後に流れを変え、７戦目でついに初スタメン。しかも、相手は長年、王者として君臨してきたブラジルだ。チャレンジャーとして、世界での現在地を計るうえで、これほど指針となる相手はいない。

ブロックにつかまる場面やミスもあったが、フルセットまでもつれた最終セットで見せた得意のストレートへ放ったサーブは、リベロのマイキー・ナシメントのレシーブを弾くほど強烈だった。もちろん偶然ではなく、自身が思い描くイメージに少しでも近づくように、ポーランドで「ひたすら自分と向き合った」という成果が示された1本だった。

「どうしたらいいサーブを打てるんかな、と思いながらいろいろ試行錯誤する中で、映像を見ていたらミスをする時は頭の上とか、身体の右側で打っている時が多いな、と思って。ルーティンも、少し変えました」

サーブエリアに立つ前にボールをもらい、トスが低くならないように意識すべく、まず一度、高くトスを上げる。その後、主審の笛が鳴ったらもう一度ボールを持ち、右に一歩移動する。もともと立っていた位置にトスを上げれば、必然的にヒットするのは身体の左側。ちょっと巻き気味に、ライン側を狙うストレート方向へのサーブを最も得意とするが、どこへ打つか、最終的に決めるのはトスを上げてから。「いける」と自信を持って打てた時は、狙い通りエースが取れるようになった、と笑う。

「ノータッチでエースが取れると嬉しいですけど、レシーバーに当たって吹っ飛ばせるほうがもっと嬉しいですね。やってやったぞ、みたいな。でも基本的に、サーブを打つ時はめっちゃ集中しているので、よかった、と思うのも一瞬なんです。西田選手を見ていると、そこからわーっと盛り上げて自分のことも上げているので、そういう感情を出すことも大事なのかな、と思ったし、海外に行くと本当にみんなアクションがデカいので。僕もファイトできるようになりました」

口数が少なく、感情表現も得意なタイプではない。鎮西高の宮迫コーチ曰く、「教育実習に来た時も誰より授業が下手で、整列させるにもどうやればいいか考えこんでいた」宮浦が、勝利のために点を獲り、叫んだ。

王国ブラジルから実に30年ぶりとなる勝利に貢献した宮浦は、さらにイタリアとの3位決定戦でもスタメン出場を果たし、またも最終セットでサービスエースをもぎ取った。

スタートからでも、途中出場でも、いかなる時も結果を出す。そのために、必ず万全の準備をして試合に臨む。このパフォーマンスに誰よりも驚き、舌を巻いていたのが主将の石川祐希だった。

「海外に行くのがすべて、とは言えないけれど、海外での1シーズンでこれだけの成長を遂げられるんだと、宮浦が完璧に証明してくれたと思います」

世界の強豪を相手にしても、軽々とハードルを越える進化を遂げた宮浦の姿はあまりに頼もしかった。どこまで進化するのかと期待しない方が難しいほど、日本代表の中で存在感を増していった。

だが、そんな時にまた、宮浦の前に壁が現れた。

「ＯＱＴ（五輪予選）の序盤は、ずっと変な感じでした。いつも通り、試合の流れを見ながら準備をしていたのは変わらないですけど、でもどこかで『負けちゃったらどうしよう』と思っていたり、うまくいかない。ずっと、変な感じでした」

違和感には五輪予選の初戦、フィンランド戦で気がついた。

あっさり2セットを連取するも、第3セットをデュースの末に失った日本は、リスタートの第4セットの途中で西田に代えて宮浦を投入した。9日間で7試合を戦う短期決戦、より多くの選手をコートに立たせることを考えれば、少しも奇をてらった策ではない。ネーションズリーグで見せたような実力を発揮するだろう。そう、誰もが信じる中、スパイクが相手ブロックに阻まれる。宮浦はもがいていた。

「西田選手が悪かったわけではなかったし、流れを変えるために自分が投入されたんだと思います。自分自身の調子が悪いわけでもなかったんですけど……でも、力が出せたかと言えば全然。モヤモヤしていたし、自分に対してイライラしていました」

ようやく払拭されたのは大会5日目、10月6日のセルビア戦だ。

第3セット中盤、セッター関田誠大に代わり、リリーフブロッカーとして宮浦がコートへ。ポーランドではスパイクだけでなく、ブロック練習にも時間をかけ、技術を磨いた。ネーションズリーグではその成果も発揮したが、五輪予選では少しも出すことができずにいた。

18対19。次の1点を取れば、日本に流れが来る。絶好の場面で狙い通り、髙橋藍のサーブで崩し、セルビアの攻撃はレフトに絞られた。その前でブロックに跳ぶのは宮浦だ。事前のデータに基づき、スパイクコースを塞ぐべく、懸命に両手を伸ばす。相手はその右手を狙い、コートの外へ出そうと打ってきた。

クソッ。止めきれなかったことは悔しかったが、まだ落ちていない。後ろで守る西田が懸命に手を伸ばしてつないだボールを、ネットに近いところにいた石川がアンダーハンドで高くトス。上げた先に、宮浦がいた。

「『来い！』って思っていました。クロス（のコース）が空いているのが見えて、トスがちょっと短めだったので、ブロックの位置からもずれていた。行ける、と思ったし、これが自分の仕事だと思い切り打ち込みました」

宮浦の打球はセルビアの2枚ブロックを抜き、コートの奥に突き刺さる。日本に19点目が加わった瞬間、ベンチも全員が跳び上がって喜ぶ。「大事なところで1点が取れてホッとした」という宮浦の脳裏にも、ベンチやコートで盛り上がる仲間の姿が今も残っている。

「自分にとっても、チームにとっても、〝ここで行きたい〟という大事な場面で1点が取れた。チームに全く貢献できていなかったので単純に嬉しかったですし、会場もチームも全員が盛り上がるように（コートを）走りました」

宮浦の1点を契機に、高橋藍のサービスエースや石川のスパイクで日本が終盤に連続得点し、最後は髙橋健太郎のブロックで25対22。強豪セルビアを相手に日本はストレート勝ちを収めた。

直後の記者会見で、宮浦が決めた1本について問われたブランは、満面の笑みを浮かべた。

「選手、スタッフ、チーム全体が一つになって勝利に向かうことを理想としている中で、あの場面こそ、私が求めているバレーボールというスポーツ。チームが一つになってあいう場面のために努力をしているから、キーになる場面ではチーム全体で喜ぶことができる。それが、私の求めるバレーボールです」

学生時代を共に過ごした選手や恩師、日本代表で共に戦う選手やスタッフからは、聞く人の数だけ宮浦にまつわるさまざまなエピソードが出てきて、皆が皆、嬉しそうに語る。

あれだけ身体を酷使するほどの打数を打ち続けても、文句ひとつ言わない。それどころか、トスに対して、注文をつけるところも聞いたことがない。

謙遜するエースの逸話を、共に早稲田大でプレーした後輩が語る。

「セッターがどういう配分でトスを上げるか迷っていた時、健人さんが『考えすぎないで、上げたい時に上げてくれれば何とかするから』と言ったらしいんです。それだけでもすごいな、って思ったんですけど、明らかに悪いトスを上げても嫌な顔もせず何とかしてくれるし、何とかしようとしてくれる。エースって、こういう人なんだな、って思わされました」

鎮西でも、早稲田でも「あんな選手は他にいない」と称賛されてきた。取材者も、ほぼ例外なく、「応援したくなる選手」と宮浦の名を挙げる。

今や、コートに登場すれば大きな歓声が起こるほど、多くの人々を惹きつける選手に成長した。それでも、「やはり」と言うべきか、宮浦の反応はブレない。

「パリオリンピック出場が決まったけれど、メンバー争いがあるので。そこで絶対自分が勝つんだ、という気持ちしかない。パリオリンピックで自分がどういうプレーをしたいか、というイメージはまだないですね。圧倒的な力をつけないといけないと思うし、パワーも高さも得点を決める勝負強さも、見ただけで『こいつ、やべーな』と思われるような選手になりたい。そのためにはまだまだ頑張らないと、って思います」

一つ下の西田だけでなく、4歳下の西山大翔など、オポジットというポジションを争うライバルは多い。競争が激化する中、2023年11月には現役大学生の高橋慶帆が、宮浦が籍を置くジェイテクトに加入し、Vリーグに挑戦している。

「意識はします。でも、〝ありがとう〟っていう感じです。『燃えさせてくれて、ありがとう』って。プロの世界で、いい選手が残る世界なので、彼も結果を求めての行動だからいいことだと思う。だけど、僕も負けたくないので、もっと自分に矢印を向けて頑張ります」

いかなる時も変わらず、やるべきことをやり抜くのみ。

淡々と。黙々と。万全の準備をして、その時を待つ。圧倒的な力を見せつけるために。

第8章

石川祐希

キャプテンがコートで吼えるとき

アフター・ザ・ゲーム　「失望」からの帰還

まるで、ドラマのような結末だった。

序盤によもやの敗北を喫し、日本はいきなり崖っぷちに追い込まれた。しかし、一戦も負けが許されない状況から、すべてストレート勝ち。破竹の４連勝。

脚本が用意されているかのような展開で迎えたクライマックス、来るべき人に出番が巡ってきた。

パリ五輪予選スロベニア戦。２セット連取した日本は第３セットでついにマッチポイントを握った。24対17の場面で、サーブエリアに立ったのは石川祐希だった。生中継の解説を務めた元日本代表の福澤達哉も、思わず声を上ずらせた。

「こういうところで、彼にサーブが回ってくるんですよ！」

刻一刻と近づくその時に向けて、石川は会場の期待を一身に背負った。点差がついているからといって、あえてサーブを入れに行く安全策など、彼の脳裏にはない。ふーっと息を吐き、高いトスを上げて、渾身のサーブを打つ。

ボールはわずかにエンドラインを割ったが、その直後、スロベニアのサーブも日本のコートエンドを大きく割って、日本のパリ五輪出場が決まった。最後、ボールの行方を「アウト」と冷静に見極めたのも石川だった。

歓喜の瞬間、両手を広げ、ベンチから駆け寄る仲間たちと抱き合った。勝利の余韻が残るコートで最初にマイクを向けられた石川は言った。

「目標を達成できたので、すごく嬉しいです」

言葉を詰まらせ、涙を拭い、勝利の喜びを噛みしめた。

激闘から2週間後、イタリアのクラブシーズンへ向けて新たなスタートを切った石川に、インタビューする機会に恵まれた。

最初に、聞きたいことは決まっている。

パリ五輪予選初戦、フィンランド戦後のミックスゾーンで発した「失望」という言葉は、何を意味していたのか。石川は、即座にこう答えた。

「単純に、もっとできると思っていたんです。今だから言えますけど、正直、大会前は全然練習ができていなかった。だけど、それでも自分では〝できる〟と思っていたのに、全然できなかった。ここに打てば決まる、というところに打っても決まらないし、ブロックもされる。こんなにできないのか、ということが多すぎて、（自分に）失望していたんです」

実は、パリ五輪予選の前から石川には不穏な空気が漂っていた。

8月のアジア選手権を控えたトルコでの事前合宿。ぎっくり腰のような症状で背筋が伸ばせなくなった石川は、丸々2日間練習を休んだ。休養したことで症状が改善しため、アジア選手権には出場し、金メダル獲得に貢献できた。だが、帰国後のオフを経て練習が再開されると、再び腰が悲鳴をあげる。しばらく練習を休んでも痛みが引かない。今シーズン最大のターゲットとしてきた五輪予選を前に、最も恐れていた事態に直面した。

9月上旬の沖縄合宿には参加はしたものの、全体練習にはほとんど参加できずに別メニューをこなすだけ。ウエイトトレーニングも患部に負担をかけないよう下半身のトレーニングは除き、上半身のみに限られた。医師やトレーナー、チームスタッフと緻密に連携しながら復帰に向けたプログラムをこなしていたが、観客を入れて実施された大会直前のカナダとの親善試合も6割程度の力でプレーするのがやっと、という状態だった。

それでも本番が始まれば、これまで培ってきたものがある。不安は大きかったが、確かな自信もあった。しかしそれも初戦で打ち砕かれた。

「全然ジャンプできなかった。自分では沈み込んでジャンプしているつもりでも、実際は沈めていない。トレーニングもできていなかったギャップが、プレーのパフォーマンスにも影響していました」

徐々に調子は上がっていくと思うと話したように、2戦目のエジプト戦では巧みにブロックアウトを取るスパイクやバックアタックを決めた。しかし、石川が「一番悔やんだ場面」と振り返ったのは、2セットを連取した後の第3セット、23対24とエジプトがセットポイントをつかんでいたシーンだ。

日本が追いつき、あと1点を獲ればデュースになる。そうなれば、絶対に日本は負けない――。セッターの関田誠大に代わった山本龍は3本続けて石川にトスを託した。だが、その「1本」が決められなかった。

「僕が決めるべきところで、決められなかった。むしろ、その前よりも、僕には悔やまれる1本でした」

〝その前のプレー〟も議論を呼んだ。チャンスボールからの攻撃。ワンポイントでベンチに下がっていた関田に代わってトスを上げた石川は、一番声が聞こえたという後衛の西田有志の攻撃を選択した。だが、西田のバックアタックはネットにかかり、絶好の場面で取れるはずの1点を逃す形になった。その選択に後悔はない。それよりも、「自分が決めるべきところ」で決めきれなかったことが敗因だと、責任を痛感した。

予期せぬ苦戦を強いられた初日と同じ展開で、大会2日目にまさかの敗戦を喫した。足早にミックスゾーンを後にする選手が多い中、最も長い時間、取材に対応したのは石川だった。そしてもう一つ、主将としての覚悟を感じ取れた行動があった。

フルセットで敗れた直後のコートで石川は選手を集めた。「終わったことは切り替えて、次に集中しよう」。かける言葉は決して長くない。その言葉よりも、コートに輪をつくる前、何度も関田を呼びとめようとした場面が目に留まった。

日本代表にとって絶対的な存在である関田が途中交代を命じられ、試合にも敗れた。

チームの結果だけでなく、自らへの悔しさを噛みしめるように、関田はタオルを頭からかぶって周囲と断絶した。「セキさん!」。関田は石川の最初の呼びかけにも応じなかった。

そんな姿を見ることは初めてだった。ここからチームを立て直せるのか。石川は振り払われた関田の腕をもう一回、つかみにいった。

「セキさんが悪かったわけではなく、崩れてしまったのは、僕が決められなかったから。(髙橋)藍も、西田も、ミドルもみんなよかったけれど、決めたいところでいつも決まる1点が決まらない。セキさんの中で『祐希のパフォーマンスが上がらない、どうしよう』と思って、クイックを使ったり、他の攻撃で切ろうとしてもなかなかうまくいかない。僕は、僕のせいだと思っていたし、(関田に対して)申し訳ないな、って。むしろそれよりも、エジプト戦で負けた後にセキさんが『もういい』ってなった時が、一番怖かった。あの時だけは、ヤバいって思いました」

だから、何度も呼んだ。

「セキさん、セキさん!」と。

中央大学時代からの先輩、後輩。言葉がなくとも信頼関係は築かれている。でも、普段から二人で一緒にいたり、特別に何か話をする機会が多いわけではない。今までにない関田の異変にどう対応すべきか。熟考の末、石川は山内晶大と髙橋健太郎に託した。「任せろ」と引き受けた二人は、西田と共に、関田の心を開くように会話を重ねていった。

それぞれが、チームのために今できることをする。チームのことを考えた時、石川がすべきことは、本来のパフォーマンスを取り戻すことだった。

石川がようやく〝らしさ〟を取り戻したのは、五輪出場が懸かった第6戦のスロベニア戦だった。

1対6。第1セットとはいえ、ストレート勝ちが求められた試合での5点ビハインド。相手のスロベニアもこの試合に勝てば同国史上初の五輪出場の可能性が高まる。両者にモチベーションの差はない。

劣勢が続く状況で、さらにスロベニアのサーブが日本の守備を崩す。しかも、ミドルの攻撃を封じようと小野寺大志を狙ったサーブがそのまま敵陣に返った。めったにミスをすることがない小野寺のプレーだけに、ここで失点すればダメージはきっと大きかったに違いない。会場をため息が包んだ瞬間、一つのプレーが一瞬にして空気を変える。

チャンスボールからスロベニアのオポジット、ロク・モジッチが強烈なスパイクを打ち込む。それを一人でブロックしたのが石川だった。手の出し方、タイミング、何より決めたシチュエーションが完璧だった。石川自身もそのプレーを自賛する。

「『ナイス、俺』って思いました（笑）。実際、あのまま行かれたら第1セットを取るのは苦しかった。悪い流れを断ち切った、と確信があったので、チームを救ったぞ、と。あれは会心の1本でした」

その後は「これぞ石川！」と唸らされるようなプレーを最後まで見せつけた。特に、1セット目の中盤に見せた4連続得点は異次元のプレーだった。〝石川劇場〟によって流れを完全に引き寄せた日本は、25対21で逆転の末に第1セットを先取すると、競り合いながら第2、第3セットも連取して、パリ五輪出場を決めた。

ただ勝つだけでなく、ストレートで勝たなければならないという大きな課題をクリアした。しかも、5点のビハインドという圧倒的に不利な状況からスタートした試合をひっくり返し、「使命」と掲げた五輪の出場権を見事に獲得した。嬉し涙をひとしきり流した後、石川は満面の笑みで会場の声援に応えた。

「失望」からの、見事なカムバックだった。

強い人間だけが残っていく

鮮明な記憶を、具体的な言葉で振り返る。石川は、昔から「あの時はこうだった」「こう考えて、ここを狙った」とプレーの細かいところまで正確に答えられる選手だった。だが自分のプレー以外、試合全体の流れやさらにはチームの課題に至るまで、石川の回答がより詳細になったのは、日本代表で主将になってからではないか。そう聞くと、石川は即答した。

「間違いないです。むしろ、キャプテンになってからのことはよく覚えているけれど、キャプテンになる前のことはあんまり覚えていないかもしれない、というぐらい。キャプテンになってからのほうが圧倒的に記憶は濃いですね」

特に強く、記憶に残っているのが2022年の世界選手権だ。

同年のネーションズリーグ・ファイナルラウンド前に、石川は左足首捻挫を負って、チームを離脱していた。世界選手権はほぼぶっつけ本番に近い状態。スタメン出場を果たしたのも、1次ラウンド3戦目のキューバとの試合からだった。

石川に代わって出場した大塚達宣の活躍もあり、1次ラウンドはブラジルに喫した1敗のみの2勝1敗で切り抜け、決勝トーナメントに進出した。ところが、ベスト8を懸けた相手はフランス。当時の世界ランクは2位（日本は当時9位）、前年の東京五輪でも金メダルを獲得している、いわばトップオブザトップだ。

「いずれ越えなければならない壁なら、いつ当たっても同じ」。そう割り切った日本は、五輪王者に堂々としたバレーボールで立ち向かった。

足首の負傷も忘れさせる石川のパフォーマンスはもちろん、関田のトス、それに応える髙橋藍、西田、小野寺、山内といった攻撃陣。さらにはリベロ山本智大のレシーブとミドルブロッカー陣のブロックからなるトータルディフェンスで、フランスを苦しめていく。第1、3セットはフランスに取られるも、日本も第2、4セットを取り返すシーソーゲームを演じ、最終セットも先行したのは日本だった。

どれだけ点差をつけても、また追いついてくる。試合の中で何度も、嫌というほど強さを見せてくる。だが、そんな相手に対して日本も食い下がり、チャンスをつなぐ。そして、フランスに勝つならここしかない。絶好の場面が訪れた。

14対14。大接戦の中、フランスのエース、イアルヴァン・ヌガペトは日本の虚を突くフェイントで得点しようと試みるも、そのボールがネットにかかる。

「耐えて、耐えてリードしただけでなく、あのミスをしないフランスがミスをした。しかもそれがガペ（ヌガペト）だった。これ以上のチャンスはないと思ったし、ここで決めるしかない。勝つならこのサーブだ、と思っていました」

サーブエリアに石川が立つ。大げさではなく、奇跡が起こるならこんな状況だろう。コートに立つ選手も、ベンチの選手やスタッフに限らず、現地や配信で試合を見た人たちも、そう思っていたはずだ。

「石川なら、ここでサービスエースを取る」と確信に近い期待を抱く。何より、石川自身が狙っていた。

国際バレーボール連盟のサイトで配信される映像に合わせた英語の実況も、興奮気味に日本のマッチポイントを伝え、「あのフランスが負けるかもしれない」と繰り返す。だが、千載一遇のチャンスで放たれたサーブは、惜しくもネットにかかった。結果的にその1本が契機となり、再び盛り返したフランスが逆転。日本はフルセットの末に敗れた。

「勝敗を分けた1点があるとしたら、間違いなく僕の、あのサーブでした」

帰国後の石川は、自ら語り始めた。

「（サービス）エースか、グッドサーブか。そのイメージしかありませんでした。だから、得意なコースに思い切り打ちました」

渾身の1本がネットにかかる。当然、理由がある。

「狙いに行く、と力が入った分、ちょっとタイミングが遅くなったんです。自分の中では、落ちてくるボールを待って打つのではなく、高いところにあるボールを自分から打ちに行くのが理想です。でも、あの時は一瞬遅くて、狙い通りのポイントではなかったんです。だから打った瞬間に『ネットだ』と思った。狙いに行こうとしすぎたのか、考えすぎたのかはわかりません。でも、力んだのは事実でした」

ボールがネットにかかると、石川は感情を抑えることなく叫んだ。そしてその直後、一瞬笑った。

「誰もが〝よっしゃ、行ける〟と思った場面で自分にサーブ順が来て、ミスをしてしまったことに対する怒りというか、呆れるじゃないですけど。マジかよ、みたいな感じでしたね。スパイクやブロックは、一人でできるものではないですけど、サーブはバレーボールで唯一の個人プレー。あの場面でのミスは完全に自分の責任で、僕の問題。『これは俺の1点だ』と自分では思っていました」

何を聞こうか、どう聞くか。重要な1点だからこそためらう筆者をよそに、石川は饒舌に語った。逆に、フランスが勝利を決めた「最後の1本」の解説に耳を傾けると、

2時間半に及ぶ両者の戦いで生じた差が明確に伝わってきた。

「フランスのサーブから西田選手がスパイクを打った。いいスパイクだったし、その前に同じシチュエーションで決めた時と同じような軌道でブロックに当てて飛んでいった。僕は『決まった』と思ったので、その瞬間にガッツポーズしたんです。でもボールが飛んだ先に、サーブを打ったミドルの選手がいて、片手でつないだボールがきれいにセッターへ返った。たまたまそこにいて、たまたま身長が高く、腕も長い選手だったので、それが運だったのか、技術なのかはわかりません。だけど苦しいシチュエーションからきれいにセッターへ返り、前衛にはガペがいる。そうなればガペだよね、ガペに打たせるよね、という状況で、実際に打って決めた。拍手するしかないぐらい、素晴らしいスパイクでした」

ひとりの選手としての目線に、主将としての目線も加わる。

「あの場にいた一人ひとり、それぞれに敗因と思うポイントがあった試合でした。僕は自分のサーブミスだと思ったし、別の目線で見ればまた違う敗因がある。次、同じことを繰り返さないようにするために、〝個〟が強くなるために何が必要か、考えさせられる。日本代表が強くなるためのきっかけになる試合で、この先は、強い人間だけが残っていくと思います」

その言葉通り、強い人間だけが集まった2023年の日本代表は、大きな躍進、飛躍を遂げていく。

「ちょっと、やばいところまで行ってませんか？　アイツ、もはや世界一のアウトサイドヒッターになっちゃっていますよね」

そう語るのは、パナソニックパンサーズの深津英臣だ。２０２３年秋、スポーツ総合雑誌『Ｎｕｍｂｅｒ』で史上初の男子バレー特集が組まれた。その際に石川の軌跡をたどる記事の取材で聞いた言葉だ。日本代表で共に戦った深津は、チームメイトとしてコートに立つ時の心強さを誰よりも体感している。

「とにかく身体能力が高いから、ボールの下に入るのが早い。身体の使い方もうまいので、どんなトスでも、どうにかしてくれる。僕からしたら明らかにミスったトスでも、石川が普通にズドン、と打ってくれるからミスに見えないんです。セッターからしたら、あんなに頼もしい存在はいないですよ」

２０１７年には日本代表の主将も務めた深津だが、２０１８年のネーションズリーグ以降は日本代表大会出場選手からも漏れ、「代表の試合を見るのが嫌だった時期もある」と明かす。ただ、近頃はまた「この中でやってみたい、と思うようになった」。そう仕向けたのは、石川の存在に他ならない。

「エースとしてすごいのはもちろんですけど、サーブレシーブやディグもあれだけやって、サーブでもブロックでも点を獲る。しかもリーダーとしてチームを引っ張る。どこまで行くんだ、というぐらい進化しているんです。コイツに上げられたら楽しいだろうな、どんなことをしてくれるんだろう、ってワクワクするし、そうできる選手になりたい。だから僕は、もう石川は世界一の選手だと思っているんです」

同じ記事の取材で、清水邦広にも話を聞いた。

石川が初めて日本代表に選出された2014年。最初の合宿で身体の方向とは別の場所へトスを上げる石川を、清水は「ちゃんとやれよ」と叱責した。それでもなかなか止めない様子を見て、当時の清水は半ば呆れ、腹を立てたこともあった。だが、今ではその石川のプレーが世界のスタンダードになった。

「僕が若い頃は、(先輩に注意された時は) 言われたらすぐ直しますよ。はい、すいません、って。でも石川は全然違う。これが正しい、面白いって思っていたから、変える気なんて最初からないんですよ。でもそれをそのまま貫いていたら、もう世界のイシカワになっちゃった。だから、東京オリンピックで(ブラジルに)負けた日に、『ごめんな、お前のほうが時代、進んでたわ』って謝ったんですよね」

東京五輪に出場し、37歳になった今も現役としてプレーする清水だが、パリ五輪予選では盟友の福澤達哉と共にゲスト解説を務めた。「すごすぎて、しゃべることなんてない」と苦笑いを浮かべながらも、最も驚かされたのは、うまくいかない状況でも主将として振る舞う石川の姿だったという。

「東京オリンピックの時も、チームミーティングとは別に選手だけでミーティングを開いたのは石川なんです。今日の試合はこうやって戦おう、と自分の意見をちゃんと伝えた後に、一人ひとり、選手に話させる。僕は最年長だったから、気を遣って『清水さん、どうぞ』っていつも最初に指名されるんですけど、『特にないです』しか言えなかった（笑）。あの頃よりもっとずっと逞しくなっていた。すごい選手で、すごいキャプテンですよ」

外からだけでなく、共に戦う仲間の目にはどう映っていたのだろう。

２０１７年から日本代表チームスタッフを務める伊藤健士コーチは、冗談交じりに言った。

「石川と同じ飛行機に乗っていたら、絶対安心だなって思うんです。何で？　と言われたら理由はないんですけど……（笑）、とにかく彼にはパワーがある。だからちょっとやそっとのことでは動じない。だから、たぶん一緒にいたら飛行機も落ちないし、今、チーム全員が石川と同じ船に乗っているから大丈夫、という安心感があるんです」

それぞれが成長を遂げたチームの中でも、やはり石川の存在感は圧倒的で、いるかいないかで空気が大きく変わる。伊藤が続ける。

「（パリ五輪予選直前の）沖縄合宿の時は石川がほとんど全体練習に参加できなかった。それだけで何となく、チームも不安になる。頼っているから、というわけではなく、チームに必要な華がないというか、物足りないんです。（髙橋）藍もここ数年で本当に素晴らしい世界的なプレーヤーに成長して、関田（誠大）と共に日本に絶対必要な存在なんですけど、石川がいることでチームが変わるのは確か。五輪予選でも、まさに実感しました」

チームを動かすのはコートでの感情表現もそう。何としても獲らなければならない場面で得点と決めると、コートの外まで走ってガッツポーズをする。ベンチでその姿を見た富田将馬は鳥肌が止まらなかったと明かす。

「試合に出ている選手、出ていない選手。そんなの関係ない。これが日本代表だろ、全員で戦うぞ、と祐希さんが僕らに言って、見せてくれたような気がして、心が震えました。勝つこと、勝つためにやるべきことをやるのは当たり前ですけど、このすごいキャプテンとここで戦えていること自体が嬉しかったし、とにかく今できるのは俺たちも声を出すことだ、と思って。コートで戦う選手に負けないように、とにかく声を張り上げていました」

触発されたのは選手だけではない。ベンチで各々の仕事を果たすスタッフも同じだった。冷静にしていなければいけないんだけど、と伊藤は笑う。

「以前の石川は自分の求めるプレーをするのが第一でした。でも、キャプテンになってからの彼は違う。凄みが増したというか、僕らと立っている場所が違うんです。負けても絶対に人のせいにしないし、あれだけできる選手であるにもかかわらず、最後は気持ちと根性だという日本人っぽい部分もあって。まさにそういう姿、プレーをコートで見せてくれるから、僕らも気持ちが持っていかれて、思わず立ち上がって大声で叫んでしまう。喜ぶ前に次の仕事をしなきゃ、という頭もあるんですけど、やっぱり彼に心を動かされてしまう。だから、自分の1点じゃなくても、チームの1点を全員で喜び合える。そういうチームになったのは、間違いない、石川（のおかげ）です。彼の存在感、普段からの働きかけ。そういう一つひとつが、全部積み重なったできたものなんです」

パリ五輪出場権を獲得した翌日、消化試合と捉えられてもおかしくないアメリカとの最終戦。ワンポイントの途中出場ながらも、石川は「まだ大会は終わっていない」とばかりに、観客席に入ろうかというボールを追いかけて、つないだ。そのボールを富田が最後に決めると、両手を掲げて喜んだ。直後に宮浦健人がサービスエースを取ると、真っ先に駆け寄り、胸と胸を合わせて、喜び、吼える。

五輪が決まったからそれでよし、ではなく、目の前の一戦を日本代表チームとして勝ちに行った。

フルセットの末、アメリカに敗れはしたが、主将として試合後の記者会見ではこう語った。

「たくさん取り上げてもらったことで、バレーボールがたくさんの人の目に触れ、広がる機会を作ってもらってありがとうございました」

メディアに感謝を述べた後、石川はこのアメリカ戦の意義を強調した。

「目標は達成しましたが、これだけ満員のお客さんの前でプレーができて、しかもアメリカと対戦できる機会はそれほど多くない。もちろん、勝ちに行きましたし、１球で勝ったりもちろん負けたりする世界。１球も無駄にできないと思っていました」

続けて、微笑しながら咆哮の理由も明かす。

「今日戦っていたメンバーの中には、吼えて流れを持ってくるキャラクターがいなかったので、そこは僕が入って、雰囲気を少しでも持ってこようかな、と。意識して、吼えました」

後日、同じシーンを振り返り、宮浦も笑う。

「祐希さん、すごいですよ。結局、全部試合を持って行きますから（笑）。心技体、すべて自分たちの上を行っていて、そこに経験もある。本当にすごいな、って思うんですけど、すごいと思っているだけじゃ届かない。自分も近づけるように、そうなれるように、頑張らなきゃいけない、といつも思わされる目標です」

２０２３年のＷＢＣ決勝前、大谷翔平は選手ミーティングで「憧れを捨てましょう」と発した。宮浦や富田の証言を聞くと、つい石川にもその姿を重ねてしまう。本人は「僕は大谷さんじゃないから」と否定するだろうが、石川が競技の枠を超えたトップアスリートの領域に到達したことは間違いない。

今やすっかり解説者となった福澤も変化を語る。

「大谷選手のことを『野球界の大谷』という枠で括らないように、石川も、『バレーボール界の石川』ではもう括れなくなっている。『日本の石川』『世界の石川』になるべき存在なんです。みんなが、どんなことをしているのか気にして、真似して、学びたいと思っている。そういう存在ですよ」

もっとも、素顔はこれまでのままだ。同学年で高校時代から石川を知る小野寺は、今や少なくなった〝なんでも言える存在〟である。

「遠征先で同部屋になると、やたらきれいにボトルや洗濯した服を並べるくせに、練習前になるとシャワーを浴びだしたり、長風呂だったり、とにかくマイペース。そういう姿を見ていると、コイツ全然すごくないのに何が史上最高の選手だよ、って、僕はいつも思うんです（笑）」

それもすべて、愛すべき日本代表のキャプテンの姿だ。

「獲りたい」ではなく「獲る」

最後にもう一つ。キャプテン石川の魅力が「言葉」だ。石川はいつもできることしか口にしなかった。

日本で国際大会が開催されるたび、「目標は？」「メダルは？」と問われる。誘導するかのような質問には決して乗らない。過剰な期待に乗せられることも、自ら誇張することもない。

そんな石川が「メダルを獲る」と明言したのが2023年のネーションズリーグだった。そこで本当に銅メダルを獲得し、アジアでも頂点に立った。

「一番上を目指すのは、どの競技、どのアスリートも同じです。でも本心では『まだちょっと厳しいな』と思う時は〝メダルが獲れるように頑張ります〟とは言っても、〝獲ります〟とは言えなかった。本当の意味で明確な目標として、〝メダル〟を考えるようになったのはプロになってからです。一つひとつ目標を立ててクリアしていく中で、確実な目標ばかり言っていても面白くないし、常に限界を超えていかないと意味がない。だから『メダルを獲ります』と言うようになったし、言ったからには目指すのが当たり前。結果を出せば、次はそこがベースになるので、目指す先も自然と上がるじゃないですか。だから、これからはメダルとか、その先が目標になっていきますよね」

パリ五輪予選に臨む時も同じように、「獲りたい」ではなく「獲る」と断言してきた。そして、本当に実現した。

「ずっと（五輪出場の）切符を獲ると言ってきたし、僕だけじゃなく周りの選手もみんなそう言いながらやってきた。今までだったら、僕が『切符を獲る』と言って、そこにみんながついてくる、というイメージだったんです。でも今回は明らかに全員が、それぞれ『切符を獲る』と言っていたし、その気でやっていた。みんながみんな、自分にプレッシャーをかけて戦って、獲った出場権でした。だから、終わった瞬間は、あー、終わった、と心底ホッとしました」

ボールをつなぐバレーボールというスポーツは、突出した誰かがいても簡単に勝てるものではない。だからこそ、それぞれが「個」の力を伸ばし、チームになって戦う。主将になって以後、東京五輪でブラジルに敗れた時も、そして世界選手権で僅差の末にフランスからの勝利を逃した時も、石川は同じように言い続けてきた。

「それぞれがやりきれる力を持っている。それは確かだと思うし、選手層も非常に厚くなった。これからまだまだ出てくると思うし、本当に、これからだな、と思いますね」

パリ五輪が開催される2024年、大学1年生で日本代表に初選出されてからちょうど10年の節目を迎える。

数え切れないほどの成功と、失敗を重ねながら、日本代表のエースとして、主将として歩みを進めてきた。世界最高峰のイタリアリーグでも今やクラブを象徴する「世界のイシカワ」になった。

証言してくれた深津だけでなく、誰しもが言いたくなる。

もう十分、世界ナンバーワンのアウトサイドヒッターになっているじゃないか、と。

「いやいや、甘いっす。まだまだ。僕を世界一と言っていたらダメです」

想像はしていたが、やっぱりそうか。

では、いつ、どうなれば実感するのだろうか？

「単純に、クラブでも代表でも優勝していないですから。アジア選手権は優勝してMVPを獲ったけど、世界ではまだ成し遂げていない。世界の舞台で優勝して、MVPを獲ってからどう感じるか、じゃないですか」

クラブが先か。五輪が先か。

その日を、心待ちに。いつか世界中に知らしめてほしい。石川祐希がいる日本代表は、何より面白い。そして強いということを。

エピローグ
終わらない物語　2024年7月パリ五輪へ

五輪予選の熱狂が冷めやらぬ2024年、初春。筆者の仕事初めはといえば、もちろん今年も春高バレーだった。

立ち見席があるほど大勢が詰めかける観客席。応援でも敵を圧倒しようと全力で美爆音を響かせる。「ここで戦えて幸せだった」と涙を流しながら清々しく語る高校生の姿に、あやうく落涙しそうになる。4年ぶりに全試合が有観客で開催されたこともあり、会場は一層熱を帯びていた。

変わらぬ新しい年の始まりの中で、昨年までとは異なる発見もあった。

そのままVリーグでも戦えるのではないかと錯覚させるような優勝チーム（男子は駿台学園、女子は就実）の組織力もさることながら、驚かされたのは、どの高校の選手たちも、勝因や敗因を語る発言が具体的になっていたこと。そして、プレーを見ていても指導者から教えられるままにやらされているのではなく、自ら考え、より明確な目標を持っていることが伝わってきたことだった。

たとえば、3回戦で敗退したリベロの男子選手。直接得点を獲れるポジションではないが、相手の攻撃を何本もレシーブし、劣勢時にチームを盛り上げるプレーを何度も見せた。負けた直後の取材で悔しさを滲ませながらも、胸を張ってこう言い切った。

「相手がサーブを打つ瞬間にサイドの選手のほうへ動いて、自分の守備範囲を広げるんです。そのほうが攻撃に入りやすいし、サーブレシーブも返せる確率が上がる。そういう駆け引きがリベロの楽しさだなぁ、と思うし、実際楽しい。最後まで自分のやりたいプレーができたので、負けたのは悔しいけど、楽しかったです」

単にリベロとして味方のフォローに入るだけでなく、セッターがレシーブした際には果敢にオーバーハンドの、しかもジャンプセットを試みる。そもそも相手との駆け引きを積極的に口にするところや立ち振る舞いからも、どこか〝あの選手〟を想起させる。目標にする選手を尋ねると、想像通りの名を挙げた。

「ウルフドッグス（名古屋）の小川智大選手です」

やっぱり。思わず口をついて出た言葉に対し、彼はニコニコしながら言った。

「山本（智大）選手の映像も見ますし、ディグとか真似しているんですけど、僕は小川選手が好きで。あんなふうにできたらいいなぁ、と思いながら練習しているんです」

憧れを口にしたのは女子選手も同じ。圧倒的な得点力とリーダーシップを誇り、どんな状況でも「今のは私の責任！」と手を挙げるキャプテンの目標は、石川祐希だ。

「毎日、石川祐希選手の動画を見ています。スパイク、サーブ、プレーはもちろんですけど、キャプテンとしての振る舞いもすごく参考にしているし、自分も同じようにチームメイトに対して行動するように心がけています」

多くの選手が口々に「日本代表が」「〇〇選手が」と目を輝かせて話す。ただ憧れるだけでなく、サーブで攻め、ディフェンスではブロックとレシーブを連動させ、ブロックが並ぶ状況では無理せずリバウンドをとって攻め直す。幼い頃から漫画『ハイキュー!!』を読んで育った世代のお手本が「男子バレー日本代表」であることを至るところで実感させられた。

未来を担う高校生に多大なる刺激を与え続けた選手たちも、新たなステージへと向かっている。Vリーグだけでなく、イタリア・フランス・ルーマニアと、それぞれの場所で目標や課題を掲げ、シビアな戦いに身を投じている。

目の前の結果を得るために必死で戦うことに変わりはないが、やはり、その先にあるパリ五輪を見据えた戦いであることも、それぞれの姿からは伝わってくる。

もちろん、五輪予選に出場したからといって、本番に出場できる12名に選ばれるとは限らない。12月の世界クラブ選手権で銅メダルを獲得したサントリーサンバーズのセッター大宅真樹が「どれだけ少ない可能性だとしても、パリ五輪を諦めずに今やるべきことをやっていきたい」と公言するように、五輪予選に立つことができずとも、パリ五輪のコートを目指す選手はいくらだっている。サバイバルレースはむしろこれからが本番。諦めず、何が何でも――そうやって闘志を燃やす数が増えれば増えるほど、日本代表は強くなり、新たな楽しみが広がっていく。

これからに話を向けておきながら、もう一度、五輪予選に話を戻したい。

五輪予選の数ある名場面の中でも、どうしても欠かすことのできないベストシーンがある。

第5章、第7章でも触れた、セルビア戦の第3セット。18対19と日本が1点を追う状況で、宮浦健人が決めて同点とした、あの場面。

普段は冷静な宮浦も、トスを上げた石川祐希も、懸命にレシーブで拾った西田有志も、全員が両手を広げ、拳を突き上げ、コートを走り回った。まだ勝敗が決したわけでもなく、五輪出場を決めたわけでもないのに、まるで昨年のWBC準決勝で日本が村上宗隆のサヨナラヒットで勝利を収めた瞬間のように飛び上がって喜んでいた。

何度振り返っても飽きないシーンを、選手それぞれの目線で振り返れば、見方も味わいも広がる。西田や宮浦の視点は各章をお読みいただくとして、ここではベンチにいた富田将馬の視点で振り返りたい。

「ネーションズリーグで銅メダルを獲ったイタリアとの3位決定戦。祐希さんが決めた瞬間も、まさにあんな感じで、全員がベンチから飛び出して走り回った。その時と同じぐらい、チーム全員が沸いた1本で、チームで獲った1本、と思えたから、気づいたらみんな跳び上がって、飛び出して。ベンチに誰もいませんでした」

スタートでコートに立つメンバーだけがすべてではない。

石川のガッツポーズを「カッコいい」と羨望の眼差しを向けた富田も、アメリカ戦では攻守で存在感を発揮した。フィンランド戦で石川のコンディションが上がらず、まさかのフルセットとなった緊迫の場面で送り出された大塚達宣は、完璧な仕事をやってのけた。洛南高校の同級生で、絶対的な司令塔の関田誠大に代わってエジプト戦のコートに立った山本龍も初の大舞台でセッターとしての経験を重ねた。

「初めて」で言うならば、アメリカ戦でベンチ外から急遽、抜擢されて、持ち前の機動力や身体能力の高さを見せたミドルブロッカーのエバデダン・ラリー。そして専修大学2年生ながら、リリーフサーバーとして出場機会を得て、飛躍的な成長を遂げた2メートルのアウトサイドヒッター、甲斐優斗もいる。

一人ひとりにストーリーがあり、それぞれの個性が際立つ。そこには〝主役〟も〝脇役〟もない。全員が欠かせぬ登場人物だからこそ、これほど愛すべきチームが出来上がった。

欠かせない、と言うならば、やはりもう一人。

あれほど「日本はミドルからの攻撃がない」と言われ続けた中で、平然と使い続けたセッター、藤井直伸の存在を忘れてはならない。

レフトへのトスを10本、きれいにリングに入れる練習をしたら、きっと彼よりずっとうまいセッターはたくさんいる。でも、相手ブロックと駆け引きしながら「ここは使える」と思えば躊躇せず使う度胸が、彼にはあった。

いつも笑顔で、コートにいるだけで明るくなる。でもプレーでは妥協せず、藤井のトスに対応が遅れたミドルブロッカーの選手に「入れよ!」と厳しく言い放った。もちろん、周りよりもまず自分に厳しく。トスがブレたら体育館全体に聞こえるほどの声で「ごめん!」と叫び、潔く自らの非を認める人だった。

たとえコートに立っていなくても、彼が見せ続けたバレーは今なお、日本代表の中で生きている。セッターにきれいなパスが返らずとも、多少離れたところからでもミドルのクイック攻撃を厭わない。ラリー中にも多用する。それが日本代表のスタンダードになり、魅力あるバレーボールにつながっている。五輪を決めるはずだった「幻の1本」も、関田はミドルのサインを出していた。

「僕が目指すのは復帰じゃないですよ。パリオリンピックです」

藤井が最後まで本気で目指した舞台を、仲間たちがつかみ取った。泣きながら、満面の笑みを浮かべながら、全員が写る集合写真の中央を陣取る「3　FUJII」のユニフォーム。消えることも、色あせることもなく、共に戦う。まだまだこれからも、あなたがつくった強い日本代表を、どうか近くで見続けて、そして笑っていてほしい。

自力で勝ち取った五輪は16年ぶり。

真夏のパリは、晴天だろうか。曇天だろうか。

体育館には屋根があるのだから、どちらだっていいじゃないか。でも、いくら屋内競技だろうと、やはり見上げる空は広く、青いほうがいい。

きっと驚くほど早く、２０２４年の夏がやってくる。

どんなマンガも映画もドラマも、「お手上げ」と脱帽するような、極上のストーリーの続きを見せてほしい。このチーム、選手たちなら、それができると信じている。

ファイナルラウンド準々決勝
7月20日　VS. スロベニア　○3－0　@ポーランド
ファイナルラウンド準決勝
7月22日　VS. ポーランド　●1－3　@ポーランド
ファイナルラウンド3位決定戦
7月23日　VS. イタリア　○3－2　@ポーランド

第22回アジア男子選手権大会　優勝
予選リーグB組
8月19日　VS. タイ　○3－0　@イラン
8月20日　VS. ウズベキスタン　○3－0　@イラン
2次ラウンド
8月23日　VS. バーレーン　○3－0　@イラン
準決勝
8月25日　VS. カタール　○3－1　@イラン
決勝
8月26日　VS. イラン　○3－0　@イラン

パリ五輪予選／ワールドカップバレー2023　2位
9月30日　VS. フィンランド　○3－2　@東京
10月1日　VS. エジプト　●2－3　@東京
10月3日　VS. チュニジア　○3－0　@東京
10月4日　VS. トルコ　○3－0　@東京
10月6日　VS. セルビア　○3－0　@東京
10月7日　VS. スロベニア　○3－0　@東京
10月8日　VS. アメリカ　●2－3　@東京
☆パリ五輪出場権獲得

2024（試合日程）
ネーションズリーグ2024
5月21日　VS. アルゼンチン　@ブラジル
5月23日　VS. セルビア　@ブラジル
5月24日　VS. キューバ　@ブラジル
5月25日　VS. イタリア　@ブラジル
6月4日　VS. イラン　@北九州
6月5日　VS. ドイツ　@北九州
6月7日　VS. ポーランド　@北九州
6月8日　VS. スロベニア　@北九州
6月18日　VS. カナダ　@フィリピン
6月21日　VS. オランダ　@フィリピン
6月22日　VS. フランス　@フィリピン
6月23日　VS. アメリカ　@フィリピン
6月27日or28日準々決勝　29日準決勝　30日決勝／3位決定戦　@ポーランド

☆パリ五輪　男子バレーボール　7月27日開幕

バレーボール男子日本代表　2022-23　試合結果

2022

ネーションズリーグ2022　5位
予選ラウンド

6月8日	VS. オランダ	○3－1	@ブラジル
6月9日	VS. 中国	○3－1	@ブラジル
6月10日	VS. アメリカ	●2－3	@ブラジル
6月12日	VS. イラン	○3－0	@ブラジル
6月21日	VS. アルゼンチン	○3－1	@フィリピン
6月24日	VS. イタリア	○3－2	@フィリピン
6月25日	VS. フランス	●0－3	@フィリピン
6月26日	VS. スロベニア	○3－1	@フィリピン
7月6日	VS. オーストラリア	○3－1	@大阪
7月8日	VS. カナダ	○3－1	@大阪
7月9日	VS. ドイツ	○3－1	@大阪
7月10日	VS. ブラジル	●0－3	@大阪

ファイナルラウンド準々決勝

7月21日	VS. フランス	●0－3	@イタリア

世界選手権2022　12位
第1次ラウンド　B組

8月26日	VS. カタール	○3－0	@スロベニア
8月28日	VS. ブラジル	●0－3	@スロベニア
8月30日	VS. キューバ	○3－1	@スロベニア

決勝トーナメント　ラウンドオブ16

9月5日	VS. フランス	●2－3	@スロベニア

2023

ネーションズリーグ2023　3位銅メダル
予選ラウンド

6月6日	VS. イラン	○3－0	@名古屋
6月9日	VS. セルビア	○3－1	@名古屋
6月10日	VS. ブルガリア	○3－0	@名古屋
6月11日	VS. フランス	○3－1	@名古屋
6月20日	VS. カナダ	○3－1	@フランス
6月21日	VS. キューバ	○3－0	@フランス
6月22日	VS. ブラジル	○3－2	@フランス
6月24日	VS. アルゼンチン	○3－2	@フランス
7月4日	VS. 中国	○3－2	@フィリピン
7月7日	VS. オランダ	○3－1	@フィリピン
7月8日	VS. イタリア	●1－3	@フィリピン
7月9日	VS. ポーランド	●0－3	@フィリピン

装　　丁　番　洋樹
表紙写真　榎本麻美
口絵写真　末永裕樹、FIVB
扉 写 真　末永裕樹
協　　力　公益財団法人日本バレーボール協会
JVA2024-04-028

田中夕子（たなか・ゆうこ）
神奈川県生まれ。神奈川新聞運動部でのアルバイト、『月刊トレーニング・ジャーナル』編集部を経て、2004年からフリーランスライターに。バレーボール、水泳、フェンシング、レスリングなど五輪競技を中心に取材し、Sports Graphic Number、スポーツナビなどに寄稿。著書に『高校バレーは頭脳が9割』、共著に『青春サプリ。』、構成に『Saori』『絆があれば、どこからでもやり直せる』がある。

日本男子バレー 勇者たちの軌跡

2024年5月1日　第1刷発行
2024年7月15日　第4刷発行

著　者　田中夕子
発行者　松井一晃
発行所　株式会社　文藝春秋
〒102-8008 東京都千代田区紀尾井町3-23
電話　03(3265)1211
印刷製本　大日本印刷
組　版　エヴリ・シンク

＊万一、落丁乱丁の場合は送料当社負担でお取り替え致します。小社製作部宛お送りください。
＊本書の無断複写は著作権法上での例外を除き禁じられています。また、私的使用以外のいかなる電子的複製行為も一切認められておりません。＊定価はカバーに表示してあります。

©Yuko Tanaka 2024
ISBN978-4-16-391837-2
Printed in Japan